山崎拓巳

強運が舞い込むとても小さな50のこと。

SB文庫

NF

本作品は当文庫のための書き下ろしです。

はじめに

「強運」になれるかどうかは、ほんの小さなことで決まる！

この本を手に取ってくださったあなたは、実は、すでに「小さな運」をつかんでいます。ちょっと戸惑われたかもしれませんが、こう考えてください。

ポイントは、この本のタイトルにもある〝**小さなこと**〟という言葉。

きっと、この本を手に取るという行動の中に、どこか「えっ⁉ 小さなことでいいの⁉」という気持ちがあったからだと思うのです。もちろん、そこまで意識していなくて、「何となく」惹《ひ》かれたという人もいると思います。

ですが、どちらにしても、そこには**「小さな何か」**があった。それを意識的でも無意識でも**逃さなかったということが、じつはとても重要**なんです。

何か、自分にとって「良いことをもたらしてくれるもの」というのは、案外、ちょっとしたことがキッカケになっていることのほうが多いもの。

「そういえば、あのときの〝あの一言〟があったからだよなぁ」とか、「誰かに言うほどじゃないけど、あのことを続けてたからかな」といった具合に、良いことの元をたどると、それは案外とても小さなことに行きついたりしませんか？

逆の場合もそうですよね。

たとえば「あの一言が余計だった」というように、良くない出来事や結果も、実は全部が悪いのではなく**「ほんの小さなこと」がそうさせてしまっている**わけです。

日常で起こる、とても小さなことこそが「運」を動かしている——。

僕自身のことを振り返っても、周りの成功している人を見てもそう思います。

大きな成功をしていて運がいいと自覚し、周りからもそう思われている**「強運」の持ち主は、決まって小さなことを大切にしています。**そして、そういう人は「人に好かれる」ことも多い。

なぜなのかな？　と、観察してみると、周りの人の**「ちょっとした変化」**にすぐ気づいているのです。

「あれ？　髪切ったの？」「新しいカバン？　かわいいね！」などと、自然に気づいてそのまま声をかけたり、笑顔を見せたりする。

でもそれが、すっごく大事。小さなことだから、気づいてもらえると相手も嬉しいし、そういう人のことは気にかけてもらった側も好意的に感じます。

すると「いい話」も自然に入ってきます。これって不思議なことでも何でもなくて、考えてみれば当たり前なんですよね。どうしても私たちは、目の前の出来事や結果のほうに目を向けがち。それが、大きな成功や大きな失敗であればあるほど、余計にその大きさのほうばかり見てしまうので、その出来事や原因の**「ほんとうに大切な小さなこと」を見落としてしまう**のでしょう。

そう考えるのは、**僕自身が大きなことを叶えるのが苦手**だからです。

目の前に、どーんと「はい、これ動かしてね」と巨大な岩を置かれたら「うわ、苦しい！」と思ってしまうようなタイプです。でも、小さな石なら1個ずつでも運んでいけるし、片付いていくのが目に見えてわかるから気持ちがいい。

巨大な石は、うんうんうなってもビクともしないですが、小さな石なら自分で好きなように動かせます。**実はこれ、「運」も同じなんです。**

大きな成功をもたらしてくれて小さな心配や悩みなんて吹き飛ばしてくれる、強くて大きな「強運」も、いきなりどーんと現れたりしません。

仮に、現れたとしても巨大すぎて、そんなの自在に操れないですし、僕の性格なら「うわ、どうしよう……」とあたふたしている間に、押しつぶされちゃうかもしれない。そんなのは、もったいない。

でも、小さな運だったら、絶対に自分でちゃんと扱えるなという自信があります。

なぜなら、ほんとうに「小さなもの」ばかりなのですから。

そして、**これまでの経験から、そんな「小さなこと」が大きなこと、強運をもたらしてくれることにしっかりとつながっているんだ**って今では理解しています。

本書の中にも、運をもたらす元になる、日常生活でできる、できるだけたくさんの「小さな習慣」や「小さな秘けつ」を散りばめました。

ぜひ、小さな宝物探しをするような感じで読んで、あなただけの強運習慣をいっぱいつくってみてください。

Contents

Chapter 1 運について「学ぶ」

Chapter 2 運を「つくる」

Chapter 3 運を「キープする」

Chapter 4 運を「より強くする」

おわりに

ぶっ飛んだ夢を実現させるには？

Chapter 1

運について「学ぶ」

01 「運」て、そもそも何？

「運がいい」「運に恵まれない」

私たちは、普段何気なく「運」について話をしていますよね。

けれども、そもそも「運」て何でしょう？

運が関係していそうな出来事については、考えたり、話をすることはあっても、案外、「運」そのものについては深く知らないままの人もいるかもしれません。

僕にとって、じつは**運は〝風〟みたいなもの**です。

「運気」という言い方をしますよね。その言葉がよく言い表しているんですが、運は風みたいに気流となって、上昇したり下降したりしていつも私たちの周りに存在します。

ときには、ピタッと流れが止まって無風みたいなときもあります。野球で打球がレフトフライかと思ったら「風に運ばれてスタンドに入ってホームラン！」なんてこともそう。追い風のように運が味方につけば、良い結果にもなります。

僕は学生のとき陸上部でした。高校、大学と400メートルハードルをやっていた人です。トラックのこちらが追い風ということは、半周した反対側は向かい風です。風で歩幅が変わってしまうと、うまく跳べずにタイムが落ちるんですね。

でも、向かい風そのものが悪いわけじゃない。風に文句言っても仕方ないですしね。

大事なことは、風がいい悪いじゃなく自分が**「どう対応するか」**ということ。

自分の調子が悪いと歩幅が小さくなる。そのときは大股で走らないといけません。逆に自分の調子が良いときは、脚力が出るので歩幅が大きくなる。力学的に分析すると、大きくなった分、歩幅が合わずに詰まり、「タタタタ」となり、推進力は削がれ、ブレーキがかかる。

風向きも自分の調子も、走る前に見極めて認識しないといけないわけです。

つまり、風がどっちの向きでも、自分の調子が良くてもイマイチでも、**ちゃんと認識して対応できればいい結果は出せる**ってことです。

そういうふうに考えてみると**「運がいい人＝風を読むことができる人」**かもしれません。

じゃあ、どうやって自分の「風向き＝運の向き」を読めばいいのか。これは、悪い向きのほうが読むのが簡単です。なぜだかわからないけど、立て続けにアクシデントが起こるとき。これは「おや？」と思うわけです。

もともと「いい人生のはずなのに、良くないことが起こる」というのは、何かボタンの掛け違えが生じていて、**そっちには進まないほうがいいというメッセージ**だと考えましょう。

よく「運が悪いからこうなった」なんて言うけれど、それは間違い。

初期段階でいろんなメッセージが出ているのに気づかなかったり、無視して

進んでしまい、結果的に「良くない状況」の中に入ってしまっているだけなんですね。

もともと人は、この世に何か学ぶべきこと、楽しむべきことがあって生まれてきているはず。「運」は、ここがその場所だよって、さりげなく教えてくれてるものでもあるのです。ちょっと「運」のイメージ変わりますよね。

あまりにも逆風が強すぎるときは、原点に戻って「ほんとうに進む方向が自分に合ってるか」を考えてみる。

こんなふうに、常に周りにある「運の流れ」に意識を向けることも、小さいことだけど、大切なことなんです。

強運のツボ

運は良くても良くなくても対応することができる

02 どうやったら「運」が味方についてくれるの？

「経営者になって成功したい」
「いつも人がたくさん集まるような場をつくりたい」

あなたもいろんな夢を持っていると思います。でも、まだ今の自分は、その夢には程遠いところにいる。

そんなときに「どうしたらいいの？　早く実現させたい」って焦ってはダメ。

やっぱり、夢をいい形で実現させようと思ったら、ある程度の「量」をこなさないとできないんです。

1万時間の法則って聞いたことがありますか？

どんな道でも「この人はすごい！」って言われる人は、みんな1万時間の経験を積み重ねているっていうのが、一つの基準なんです。

1日5時間だとしたら1カ月で150時間。1年で1800時間。約5年半くらいかければ1万時間を超えます。

「えーっ、そんなに長い間ずっとやり続ける自信がない……」

じゃあ、どうするか。

毎日5分や10分だけ、ちょっと時間の使い方を変えてみるんです。

1万時間は途方もなく感じても、それならできそうですよね。

じつは、大きな時間よりも、**ほんのちょっとした「スキマ」の時間の使い方が成功の鍵をにぎっている**んです。

約束と約束の間に、たった5分だけど時間が空いた。皆さんなら、どうします？

何となく携帯やスマートフォンをいじって時間をつぶしてませんか？

そんな時間を無駄にしないために、あらかじめやることを決めておきます。

たとえば僕は、ランダムにスマートフォンのアドレスを開いて、パッと飛び込んできた人に「久しぶり！　元気？」みたいなとても短いメールを送ったりします。

相手も、ちょっと驚いて、でも何だか嬉しくて「元気だよ！　今度久しぶりにご飯行こうよ」みたいに返事をくれて、そこからまた新しい展開になったりもするから不思議です。

でも、こういうことも、ちゃんと1万時間の積み重ねの中にカウントされています。小さなことかもしれない。けれど、**成功している人ほど「スキマ時間」を大切にしています。**

「運を味方につける」っていうと、どうしても「何かすごいことしないといけないのかな」なんて思っちゃいますがそんなことはありません。

むしろ、**すごいことよりスキマ時間でできる「小さなこと」「基本のようなもの」を大切にしているほうが運が味方してくれます。**

アスリートなどもそう。

彼らは毎日、自分の種目の練習に入る前に、ただジョギングをします。でも、ただ単に体温や気分を上げるだけの準備運動じゃないって知ってますか？

いかに地面をキャッチし、いかに自分の体幹を押し出せるだろうかって意識して「もう少しだけ少し体を前に押し込んでみようか」なんて自分と対話しながらやっています。これって周りの人から見たら、ただのジョギングにしか見えない。

でも、その人の頭の中の世界観はすごくすごく深いところにまで入っている。

メインの練習や本番でやることに比べたら、そんなの**「他人に言うほどでもない小さなこと」**かもしれません。

でも、だからこそ、そこで差がつくんだっていうことなんです。

いいですか？　5分あったら「口角を上げて笑顔の練習をする」でもOKなので何か自分の夢に関係した小さなことをする習慣を意識してみましょう！

強運のツボ

スキマ時間でできるような小さなことほど大切にする

03 周りの人に「運」を左右されない方法

「この前の資料、やっぱり数字のデータも入れたいから明日までにやり直しね」
えっ、今それを言う？　なぜ、最初からそう言わない？

こうした嫌な上司ではありませんが、ときどき「えっ」っていう自分の価値観に反するようなことをされたり、あるいは、まったくの赤の他人からカチンとさせられたりすることってよくあります。

そんなことで、いい運気から落とされたような気分になると、腹も立ちますよね。
そんな人はこの際成敗しちゃいましょう。というわけにもいかないので、こんなときはどうすればいいいか。

実は、**自分の価値観に対して気になることをする人の「カチンとくる要素」**

というのは、その相手が持っているだけではなくて、自分自身も同じ要素を持っているんです。

つまり、皆さんが持っている価値観のモノサシ自体がポイントなのです。自分自身が普段、良くないと押し殺しているその要素を平気で目の前で表現する人への嫌悪感。つまり「何であなたはそうなんだ？」と攻める気持ちは、実際自分への苛立ちでもあるのです。

そんなときに、せっかくの自分の運気を左右されないための方法が二つあります。

まず一つ目。これがいちばん簡単。理屈や認識レベルではなく**イメージで、自分の価値観に触れた良くない部分を消去してしまう方法**です。

目を閉じて、こころの中で相手の「もう、やだなぁ」っていう部分を色や形、その質感をイメージします。またこのとき、自分の持っている素敵な部分も同様にイメージします。相手のその部分は茶色でヌルヌル、自分は白くてツルツル。それらをイメージの中で結合し、溶かし合い、丸く固める。出来上がったら意識の外にそのボールをポイッと捨ててしまいます。はい、そうしたら深呼吸です。

もう一つは、相手のイラッとするところが、自分の価値観のどの部分と相反するのか心の中を見てみるという方法です。

これはかなり効果的な行為です。自分の価値観がどんなことになっているかは、このような感情が出たときにしかなかなか検証できません。感情はほぼ反射的に湧き上がります。その反射的に湧き上がる理由、価値観の構造にアプローチできるわけですから、人生を変化させる大きなチャンスともなっていきます。

あるとき、僕の周りで、こんな会話を耳にしました。

ある僕の知り合いが「僕は、今のままの自分でいい。そんなに成長とか成功とかガツガツしたくない」って言っていたんです。

僕は思わず「そんなことないのに！」「人間は変わらないといけないのに」って、一瞬イラッとして、でも、ふと思いました。

「待てよ、それも一理あるかも。自分の今の状況をそれだけ深く喜べるって幸せかも。

それをしてないって、もったいないかも……」そんなことを考えました。

そうしたら――。

自分の中で価値観の壁がガラガラと音を立てて組み変わったんです。

さて、紹介したこの二つの方法には共通点があります。

それはどちらも、**自分が「快」の状態を保てていること**。周りの人から誘発された感情を糸口に、自分の深層意識を修正することで価値観に改革をうながし、周りに左右されないで済む新しい自分を発見できるようになります。

周囲に振り回されやすい、という人は、この二つの方法をぜひ実践してみてください。

強運のツボ

深層意識をちょこっと修正できる方法を知っておく

04
行動が空回りする人、しない人

いろいろ頑張ってやってるのに、何だか空回りばかり……。

これじゃあ「運」も味方してくれなそう……。


うまくいかないことが続くと、つい自分や周囲の状況を否定したくなりますが、そんなとき、ぜひ自分に言ってあげてほしい言葉があります。

「空回りしてるって、すごいじゃん! 行動してる証拠だよ」って。

だって、そうだと思いませんか。うまくいかないことを恐れて行動を避けていたら、空回りすら起こらないんですから。

だから、頑張っていると空回りしてしまう時期って必ずあるものなんです。

行動している自分をほめてあげたら、次に「もしもし、○○さん」って感じで、自分自身に別の質問をしてみます。

「じゃあ、どんな状態だったら、うまくいってるって思える?」

「そのためにできることは、どれとどれ? それは、ちゃんとやれてる?」

つまり、**行動はOKなんだから、その中身を分解してみる**わけです。


たとえば、署名をたくさんの人からもらうっていう行動をするとします。

そのためにやれることを、紙に書くなどして細かく分解します。


「名簿などのリストをそろえる」↓「どうやってアプローチするか考える」↓「何をどんなふうに伝えたら協力してもらえそうか考える」↓「連絡手段や相手に負担にならない会い方を考える」↓「会う約束を取りつける」


こうやって分解してみると「あ、ここがちょっと考えられてなかった」という部分が必ずあるものです。

でも、これがまた、なかなか気づきにくい。

これは、周りから見たらうまくいってる人もいってない人も行動そのものは同じじようにやってるように見えるというのが理由の一つです。

ところが、その中身は違っているんです。


中学生時代、僕は110メートルハードルをやっていました。どれだけうまくハードルを跳んでタイムを出せるかに燃えてたんです。

あるとき、強化合宿でコーチに呼ばれて、こうたずねられました。

「拓巳、お前さ、どうやったらハードル速くなれると思う？」

「はい。もっとスムーズな跳び方ができればいいと思ってます」

自信満々に答えたら、コーチはこんなふうに言ったんです。

「ハードル走はハードルを跳ぶ競技じゃない」


（えぇーっ）

呆気に取られてる僕にコーチは、さらに続けて言いました。

「いいか、ハードルはハードルとハードルの間の距離をいかに速く走るかの競技だ」

それまで僕は「あの人、うまいなぁ」と思ってハードルの跳び方ばかり見ていたんです。でも、コーチにそう言われて、ハードル間の走り方をスムーズにすることを意識してやってみたら、いきなり記録が伸びたというわけです。

そうか、**外から見えていることと、中から見えてることは違うんだ！　人と同じことをやっていると思い込んでいることが、もしかしたらたくさんあるのかも知れない！**　ってそれはもう衝撃の一瞬でした。

こんなふうに、自分の行動で無意識になっていたり、これがいいって思い込んでることの中に、じつは「そうじゃないよ」って間違いが紛れ込んでいるのかもしれない。だから、自分が空回りをしているなと感じたら、一度でいいので**自分より上手くいっている人が「何に重点を置いてそれをやっているか？」**に着眼してみてください。

強運のツボ

自分の行動の中身を点検してみる

05 運と芸術は爆発だ！

こんな疑問を持ったことってないですか？

――成功する人って、もともと運がいいから成功するのか、それとも成功したから運が良くなったのか。

何だか、鶏が先か卵が先か、みたいな話ですが、どっちなのか。

実は、「運」には両方のパターンがあるんです。

「芸術は爆発だ！」

これはあの岡本太郎先生の有名な言葉ですが、爆発っていうのはエネルギーを持っているから爆発するんじゃなく、爆発するからエネルギーが生まれるんだっていうことを仰っていました。

同じことが運にも言えます。**運がいいから成功するんじゃなく、成功しようとするから運が良くなる**っていうことがいくつもある。

いくら運があって、エネルギーを秘めてるからって、何も行動せずにじっと「いいことないかなぁ」って待ってても何も起こりません。

そして、運に頼るのではなく、運が寄ってくるような自分になることも大切。だから、運を持っていることも、行動することも両方必要っていうことになるわけです。

よく、いろんな人が「運が良くなる方法はないですか?」「幸せになりたいんです」って質問してきます。

でも、それなら**どんなことが起これば自分は「快」なのか、どんな状態でいることが自分の幸せなのか具体的になってない人が多い**のも事実です。

それだと、レストランに入って何も注文しないで「お腹空いたー」「美味いもんを食いたいー」って言ってるのと同じです。

「何で料理が出てこないの！」って怒っても「ご注文されてますか？　何をお召し上がりになりますか？」って聞き返されてしまいます。

自分自身が何を食べたいかわからないで、お腹が空いたって言ってるのではお店の人も困るし、つまりは運だって困りますよね。

もしかしたら、運はあなたの周りで手を差し伸べようとしてるかもしれない。なのに「運が良ければやる。悪ければやらない」っていう発想でいたら、どんな機会があっても逃しちゃいます。

こうなりたい、こうだと幸せなんだっていう自分にとって**幸せを認識できる状態、つまり「快」のイメージを具体的にし、まず行動を始める。**

行動といっても、そんなに大きなものでなくてもいいんです。

「今日は、お昼休みに公園の芝生の上でランチしてみよう」

そんな、ささいなことだって、そうしたら自分が「快」になれそうって思ったら、それが行動のきっかけ。

それで実際に公園で芝生に足を伸ばして、買ってきたお弁当やサンドイッチを食べていたら、風がすっごく気持ち良くて、何だか得したみたいな気分になれたりするかもしれません。

もしかしたら、お昼休みにお店の行列に並び、あわただしくランチを食べていたかも。でも、ちょっとした工夫でのんびりした時間を過ごせたとしたら、それだけで幸せな気持ちがチャージできますよね。

毎日、ささやかなことでも自分が「快」になれる行動をし続ければ、必ず運が味方についてくれるんです。

強運のツボ

運は行動する人が好き

06 どっちを選べば幸せになるのか迷ったとき

うわー、予定が重なっちゃった！
運を逃さないためには、どっちを選ぶべきなんだろう……。

こうしたことってありますよね。「どっちも活かさないともったいない」って迷ってしまって、ギリギリになってどっちか選んだとしても、選んでないことのほうが気になってしまったりして。

そんなふうに、自分は運を活かしきれていないって思う人はわりと多くいるのではないでしょうか。僕はそんな人にこう言ってあげています。
「そんなもんです」

いろんなものを全部活かせたら、それはもう最高。でも誰も全部は活かしきれない。

たとえば、よく川とかで石を水切りするように投げるでしょ。こうやって投げれば7回は跳ぶっていう投げ方があって、その通りにやるんだけど全然うまくいかない。つまんなーいって、適当にヒュッて投げたらすごい数え切れないくらい跳んでいったりして。

そんなラックを探すには、より正しいフォームでリラックスして行動して、その回数を増やすしかないんです。

運っていうのは活かせることも、活かしきれないこともあって当然。

だから、いかに自分を機嫌よくさせて大量行動できるかが大事。**どっちを選ぶか迷う前に、選べるチャンスの数を増やすほうにエネルギーを使ってみては**と僕は思います。

その上で、選択肢が複数あるときに、どれを選ぶべきか。

「これやりたい」「これはやらないといけない」そんなのを24時間という決められた枠の中にどうやって入れていくか。

僕は、全部やりたい人です。なぜなら、どんな凄いことが起こるかわからないから。凄いことっていうのはビッグネームからやってくるとは限らないし、たまたまどこかのレストランのアルバイトの子がすごくいいヒントを教えてくれるかもしれない。

また、どちらの選択肢も選べないっていうときは、飛行機に預けるスーツケースの数を減らすみたいに中身を点検してみるんです。これは今回は置いていこう。Tシャツは現地で買えばいいや。あるいは、収納の仕方をもっと工夫すれば大丈夫かなって。**人っていうのは、そんなふうにいっぱいいっぱいになって初めて、「どれか捨てないといけないんだ」って気づくもの。**

人生の選択肢で、どれにどう優先順位をつけていくかというときも同じです。それまでは、適当にどれを選んでもまだ人生全体にスキマがあったから、とくに考えなくても良かったというわけです。

でも、いろいろと行動して、自分のところにやってくるものが増え始めたら優先順位づけをしないと大変です。
だから「どういう選択をしたら運を活かしきれるようになりますか？」って質問する人には、「超」がつくぐらい忙しくして、口内炎ができるくらいになると自然に優先順位が生まれ、うまくいくようになりますよって僕は言っています。

優先順位をつけても、ぜんぶやろうなんて思わなくていい。**だいたい上位20％ぐらいできれば、うまくいく**ようになってます。
状況把握ができると仕事の半分は終わりです。あとは、ギャップを埋めるだけ。強運な人は、たいてい運もマネジメントしている人です。

強運のツボ

選択肢で悩むより、チャンスの数そのものを増やす

07 昔から残っているものは「運」がいい

「お天道様に顔向けできないようなことはするんじゃないよ」

昔の人は、子どもたちによくそんなふうに言っていました。

えっ、太陽と自分の行動や運にどんな関係が？　と、現代人にはピンとこない言葉かもしれませんが、実は、すごく意味のある教えなんですね。

うっかりすると「何でも自分の思い通りになればいいのに」と思い上がりがちな私たち人間に対して、〝お天道様〟は絶対的な自然の摂理、基準を示してくれている存在なのです。地球や私たちの生命が、そうした絶対的な自然によって成り立っている以上、その**基準の許容範囲から外れていて「運」が向いてくることはありません。**

たとえば、指導しないといけない立場に置かれたときに、どこまで言及して良いものか戸惑うときがあります。部下の発言に対するアドバイスや苦言でも、それが単なる上司のストレス発散では、申し訳ないも極まりないです。本人もわからないまま善意で言ってる「つもり」だから、更にたちが悪いわけです。

そんなとき僕は**「それをその人の両親が側にいても言える?」**を基準にジャッジしています。それもこの〝お天道様〟の基準かもしれません。

《人の己を知らざるを患《うれ》えず、人を知らざるを患う》

「他人が自分を認めてくれないことを気にするより、自分が他人の才能や良いところを知らないことこそ憂うべきだ」と、孔子の論語にあります。

これなんかも、今から2500年以上も昔の人の言葉ですが、その時代の人たちが一番優秀だったのではと思ってしまいます。今ほど情報やメディアがなかった昔の人にとって、**絶対的な基準から外れないための「運が向く話」**というのは、人生

を生きる上でとっても大切なことだったからです。

僕が生まれ育ったのは三重県ですが、近くに伊勢神宮という日本の神社の「本宗（仏教でいう総本山）」に当たる有名なスポットがあります。

今もこころの拠り所として、2000年の歴史のある伊勢神宮に多くの人が参詣するのはなぜなのか。実は、そういったことを考えることも、大きな意味のあることです。

伊勢神宮の最も大きな特徴は、20年に一度すべての社殿を建て替えて新しくする「式年遷宮」があるということ。ふつう、神様のいらっしゃるような大事な場所であれば「壊れないもの」をつくるはずです。

それを、伊勢神宮はあえて20年に一度新しくしています。そこには、その造営技術や携わる人々の大事な思いを伝えていくという意味が込められています。

昔の人々の寿命は、かなり短かったはず。だからこそ、**20年という期間で確実に原点回帰できる仕組みをつくった**というわけですね。

また、商売ということのあり方でも伊勢神宮には学べることがたくさんあります。

江戸時代には、伊勢神宮が日本初の「旅行代理店」の役割も果たしていました。御師《おんし》と呼ばれるツアーコンダクターのような人が全国を回り、お伊勢参りのコーディネートをしたのです。

そうして全国から参詣者が集まることで、神楽《かぐら》などの娯楽や飲食の接待で参詣者をもてなす「おはらい町」も発展し、神宮という清らかな「聖」の領域と、周辺の「俗」の賑わいが共存する姿が受け継がれていったのです。

神宮に限らず、**昔から残っているものには、続くだけの理由と法則があるものなのです。**それこそが「運」の良さにもつながるもの。皆さんの近所でも、老舗のお店などを訪ねたときに、お店の人と会話してみることでも「運」が続くヒントが聞けるかもしれません。

強運のツボ

昔から残っているものに運を考えるヒントがある

08 どうしようもない不安に襲われたとき

（ドクドクドクドク……）

まるで何か悪いものが体の内側からこぼれ出てくるみたいに、どうしようもない不安が湧き起こってくる。そんな経験はないですか？

僕はあります。

あるとき、とくに何も変わったことがあったわけでもないのに、ものすごい不安に襲われたんです。

寝ていても起きていても、ご飯を食べていても、もう何していても不安。

（……どうしちゃったんだ……）

次第に、こんなにも不安でいることが気になってきて妻に言いました。

「ねえ、何だかすごく不安で苦しいんだけど……」

妻はかつて心理士だったので、思い切って相談してみました。それまでは、相談すらできないぐらいに苦しかったんです。

「苦しくて怖いんだけど、不安の対象がまるで見えないんだ……」

僕がそう訴えると、妻は一言、こう言いました。

「いいんじゃない」

あまりにも、あっけらかーんと言われたので拍子抜け。僕が、ぽかーんとしてると彼女はさらに言ったのです。

「いつも不安を抱えるクセがあるよね？」

（えっ？）

「でも、その不安に潰されるのではなくて、いつもそれをエネルギー源にし、ここまで来たんだから不安をなくしたら困るんじゃない？」

そう言って笑いました。それでおしまい。

そうか！　その瞬間、僕の中で不安に対する意味づけが変わりました。

（この不安があるから僕は行動できるんだ！）

でも、やっぱり次の日になったら不安なんです。

ちょうどその頃、仕事もかなりの量を抱え込んでいて睡眠不足が続いてた。それで、もう仕方ないから、全部ほったらかしてしまい、がっつり寝たんです。

そして起きたら、何だか元気になっていた。

あれ？　不安じゃなくなってる！

そう、あれは不安じゃなくて、単なる睡眠不足と体調不良だったってこと。

人は体調が悪いと、やる気まで出てこないようにできています。だって、体調不良なのにやる気出して頑張ったら、もっと具合が悪くなるかもしれません。体はわざわざ不調になって、「休みなさい！」のサインを出してくれているのです。

つまり、**気持ちが元気じゃないってことは、体を休ませたがっているサイン**。

自分の体と常に対話して、ちゃんと休むときは休む。そして回復したら今度は行動して自分を元気にしていく。

成功者は、皆そのことに気づいています。だから運も体力もある。

逆に言えば**体力をつけられれば成功できるし運も育ちます**。たくさんの成功者に会ってきましたが、皆さん、強靭な体力の持ち主だったりします。

それでも風邪を引いたりするのが人間。なので僕は、いつもこんな練習をしています。体とこころを別にするように意識してみるんです。

熱があってしんどいけれど、体とこころは別だよって。こころは楽しいことでいっぱいなんだって思うんです。

そんなふうにして、こころの健康を体調の不具合に邪魔されないようにする。それで実際に免疫力も上がり、回復も早まるから不思議です。

そのことに気づくと、風邪ですら楽しいとまではいかずとも、さほど嫌なことではなくなってしまうものなんです。

強運のツボ

体調を整えて、やる気と運気の素《もと》をつくる

09 言葉で「運」は変えられる？

誰かに手土産のお菓子をいただいたとき、あなたはどんな気持ちになりますか？

「わー、美味しそう。嬉しい！」

ところが、僕はちょっと違ってました。

セミナーなどでお菓子をいただいたとき「あっ」て思うんです。いったい、何の「あっ」なのか。そのときの僕のこころの中を再現するとこんな感じ。

（……いただいたこと覚えておかないといけないいな）

（……ちゃんとお返しもしないと）

（……お礼をちゃんとこころから言えているかな？）

こーんな感情が同時に湧き起こっての「あっ」なわけです。

だから、どちらかというと僕は、**いただきものが嬉しいんだけど苦手**でした。
でも、あるとき、こんな人に出会ったんです。僕が手土産のお菓子を渡すと、その人は笑顔でこう言いました。

「えっ、餌付け？」

そうきたか！　まさかの返し言葉に、僕は言葉を失って、この人素敵だなぁ、もらい上手だなぁって思ったんです。

それまでは、「素直な喜び」が湧き上がらず、「申し訳ないな……」という、苦しい感情がこころに忍び込んでいました。
だから、僕は素敵な返し言葉を聞いて「救われたぁ」って気持ちになりました。

こんなふうに、**人と人の間で生まれる「情念」のようなものをスッと外してくれる返し言葉**というのがあるんです。言い換えると、言ったほうも言われたほうも重くならずにハッピーになれる言葉。

僕が20代のとき、飛行機に乗っていて、あるCA（キャビンアテンダント）さんから、こんな言葉をもらいました。

飲み物をお願いしたときに、そのCAさんは「はい、もちろん」ってニコッとして言ったんです。お願いごとに対して「もちろん」という返事。好感度以上に驚きを感じました。本当に素敵な受け答えってありますね。

僕は、**いい人間関係のあいだには神が宿る**って思ってます。

それはどうやってつくるのかというと、いい人と出会う、いい言葉を使うということが大事。

その中でも、**相手から何かをお願いされたときの返し言葉は、いい人間関係をつくる最強の言葉**かもしれません。

メールでお願いされたときも「ハイ、喜んで！（笑）」なんて返信すれば、相手だってお願いごとをした負担感が消えるはず。

そんなふうに返してくれる相手のことは大事にしようって思いますよね。

たとえば、ちょっと無理めかなと思うようなことを頼まれたとき「全力で頑張ります！」だと、ちょっと重心が高くて不安定な感じがします。

でも「やらせていただきます」だと、丹田（おへその下）あたりに重心があって、何だかミスをしないような感じがしませんか。

そんなふうに、相手への返し言葉を、少しばかり意識して使ってみることで、相手との関係を強くしたり、この人に頼んで良かったって思われたりします。

それがまた「いいこと」が自分に巡ってくることにもつながるというわけです。

強運のツボ

「返し言葉」に気を配ってみる

10 いちばん大事な「運」て何？

運にも、いろんな種類があります。

「人運」「金運」「仕事運」「健康運」「恋愛運」――。

はたして、この中でどれがいちばん大事な運なのでしょう？

そんなの、どれか一つなんて選べないよ！　ってなりますよね。

その通り。どれも大切です。

じゃあ、全部大切にすればいいじゃないっていう話ですが、それもなかなかうまくはいきません。

会社経営も同じです。人件費や原価、宣伝費、研究費など、大切なものがいっぱいあります。限られた原資をどう使うかが経営の手腕。それによって結果も変わってきます。

まんべんなく使い分けても効果的ではありません。今、まさにどれに力を入れるべきか？　今こそ宣伝費に力を注ぎ、一気に世間に広げるべきだ！　今こそ人件費に！　今こそ研究費に！

大事なことは、その人が「今、これが大切だ」と感じているところに、たくさんの力を使うこと。

すべてに万遍なくではなく、**いちばんパフォーマンスが出せるところに、お金を投資したり、運を使う**わけです。

つまり、いろんな運の中で**「どれを大切にしたいか？」ではなく、「どれを今大切にすべきか？」を自分で知るということが大事なんです。**

「人運」すなわち、人間関係に関する運の良さを使うなら、どう使っていくといいのでしょうか？　運は誰かとシェアすることで更に大きなウネリをつくり出すことができます。

しかし、誰とシェアするかが大切です。その場合、できるだけ真っすぐなこころを持った仲間とシェアしていきたいものです。逆に自分自身も真っすぐなこころを持っていることで誰かからシェアされることになるわけです。

「金運」については、お金に対するメンタルブロックを外しておきたいものです。お金とは何なのか？　お金を得るとはどういうことなのか？　などという定義づけを見直すことで「お金の在り方」が違って見えてきます。

また、お金は感情を増幅するものでもあり、愉快な人は更に愉快に、心配性は更に心配性に、世話焼きな人は更に世話焼きになっていきます。

「お金リテラシー」をアップしながらお金とはお付き合いしていきたいものです。

「仕事運」がいいといい仕事が回ってきます。**よく見てみると仕事は仲間内で回っているもの**です。

どんな仲間と交わり、どんな人たちの群れの中で時間を過ごしているか。そう考えると「人運」も「金運」「恋愛運」も密接に関わっていることがわかってきます。

「健康運」も同じことがいえますが、健康は進むべき道へのヒントでもあるように感じられます。「そっちじゃないよ」と何度もヒントを出しても気づかない人への最後のヒントが「体調不良」です。

そもそも、どんな人生を生きたかったのか？　と自分の素直なこころに聞いてみることで、本来の自分を取り戻すことができ、一番大切にすべき運も見えてくるはずです。

強運のツボ

自分の素直なこころの状態をいつも把握しておく

11 幸運で周囲に反感を持たれないためには

自分のことを「幸運」だと思える、そんな人に共通しているのは何かを成し遂げようとするときに**「成し遂げられなくても幸せだけど、それができたら、もっと幸せ」**っていうマインドを持っているということです。

つまり、何かを始める際に、ちゃんと「円」のようなマインドを持っていることがすごく重要だと思うんです。これはその円が欠けてないとも言えるのですが。

こころのどこかが欠けている部分があって、それを埋めたら幸せになれる。そういう人の場合は、その円が大きくなったら、欠けている部分まで同じように大きくなってしまう――。これって痛いですよね。

だから、**幸せっていうのは「初期設定」がとても大切。**これがうまくいかないまま「自分は不幸せだ」っていう設定を知らずにしていると、たとえ何かがうまくいったとしても、どこかにザラッとした心地悪さが残ると思うんです。

友達からこんなことを教えてもらったことがあります。

「拓巳さん。無意識の嫉妬には気をつけたほうがいいよ」って言われたんです。

「無意識の嫉妬」という言葉のインパクトに僕はビックリしました。世の中の人は、うまくいっている人に「素晴らしいですね」と賞賛をするけど、無意識レベルでは嫉妬し始めているんだそうです。言ってる本人だって気づかずにそれは始まっているんだとか。

しかし、それにはどう対処することができるのでしょうか？　誰も知らずに始まる無意識の嫉妬に。

それには「返す」っていうことをしないといけない。**自分のところに集まった運気をちゃんと世のために使う、世に返してあげないといけない**ということなんです。

そうすることで無意識の嫉妬がちゃんと消滅してくれるらしいのです。

また、自分の中にも自然と発生する無意識の嫉妬に気づく必要がありますし、そうでないとリリースはできません。

そして普段の自分は、**「そのままの自分でも幸せ。うまくいったらもっと幸せ」**をこころの真ん中に置くようにする。

もちろん、最初からそんなこころ持ちでいるのは難しいかもしれません。

僕も20代前半の頃は「これがこうなったら、もっといくから、何とかして……」みたいなことばかり考えてました。

どうしてもそうなりたいと考える、がむしゃらに執着することがいちばん、うまくいくんだと信じて疑っていませんでした。


それが、あるとき、仕事を依頼した税理士さんにこう言われたんです。

「拓巳君は、何のために稼ぐの？」

不意を突かれました。何のためって、えっと、儲けたい……じゃダメなの？

僕が困った顔をしていると、税理士さんは、さらにこんなふうに言いました。

「世の中には二つの幸せがある。一つは数字の世界。お金の桁がただ増えていくみたいな。もう一つはリアルなハッピー。こんなふうになれば幸せ。そのために、これだけのお金が必要という考え方。拓巳君はどっちを選ぶ？　どうも見てる限り、後者のほうが拓巳君には合ってるような気がするけど」

あのとき、そう言ってもらったのはすごく大きかったと今でも思います。

もし、そこで数字しか見ないようになっていたら、今とはまたまったく違う生き方を選択していたと思うからです。

運気は、満たされている今の自分が、更に大きな幸せに触れるために使うべきだと思います。これは、努力することに関しても同じです。

そしてその延長線上に、「誰かのためになる」という大義を持つことで、より大きな幸せへと変わっていきます。

強運のツボ

うまくいっても、そうじゃなくても「自分は幸せ！」と考える

12 頑張れば「運」は手に入る？

ボールを遠くまで飛ばしたい！　とゴルフのクラブを力いっぱい振る。すると、思わずボールを擦《こす》ってしまい、コースを外れ、林の中へ入ったりして飛距離は出ないもの。

これはゴルフに限りません。

他のスポーツでも**力が入りすぎると、本来のスイングができなかったり、フォームのバランスが崩れたりして絶対にいい結果は出ない**もの。

ゴルフでも、リラックスした気持ちで、力が適度に抜けたきれいなフォームでショットすると、まるでボールが意志を持ったかのようにきれいに遠くに運ばれていきます。

何でも始めたばかりの頃は、そこがわからないものです。

陸上競技でも、眉間にしわを寄せて苦しそうな表情で走っている人のタイムはそれほどじゃない。

リラックスして、楽しいことでもあったみたいな顔で走ってるほうがタイムだっていいんです。


でもなぜなのでしょうか？　人間が「走る」という動作をするときには、主に二つの筋肉が重要な役割を担っているんです。

一つは、体を前に押し出そうとする筋肉。そして、もう一つは進んでいる体を止めるために使われる筋肉。人は、この2種類の筋肉を上手に使って進む、止まるを制御しているんです。

なので、体にただ力を入れるだけだと、前に進もうとする筋肉と止まろうとする筋肉の両方を使ってしまい、力いっぱい走っている割にはそれほど速く走れないのです。

運気を上げることと、このスポーツにおける筋肉の力の入れ方はとてもよく似ています。

実は、「運」にも同じように、前に進もうとする力と、ブレーキをかけようとする力の二つが働いています。

「そうなればいいな」「きっと、なりますように」こんな前向きな気持ちから生まれる力があります。

それに対して「そうならないと困る」「ならねばならない」っていう気持ちが強くなると、せっかくの前に向いた力とは反対方向の力が働いてしまって、あまり前に進まなくなってしまうんです。

つまり、**運気が上昇しようとしているのに、そこに力を入れすぎると、かえってそれを抑えようとしてしまう**わけです。

頑張ること、努力することは、もちろん大切。
だけど、頑張りすぎることは、自然なエネルギーの向きに逆らってしまうことになるので、気をつけたほうがいいということ。

最近、頑張っているけど思うようにいかないなと感じたならば、一旦気持ちをリセットして、体から力を抜き自然に湧き上がる運気の息吹を感じるようにしてみてください。
優しくその流れに身をまかせてあげることで新しい物語が始まるはずです。

強運のツボ

「ねばらない」という考えをやめる

13 うまくいかないことの「やめどき」

このまま続けるべきか、それともやめたほうがいいのか？

ビジネスでも人間関係でも、判断するのが難しいのが「**やめどき**」だと思います。

もともと、いいことがあるだろうって予測できたから、それをやっているわけです。人間関係なら、この人と一緒にいるとハッピーだって感じるから一緒にいたいって思う。

でも、お互いが変化したり成長していく中で「あー、今は流れが違うかな」ってなるときも出てくるものです。それは仕方がありません。

お互いに、それがわかっていて終わりになってしまう場合は、傷もそんなに深くなりません。

問題なのは、そこに「なくしたくない」「もったいない」っていう気持ちがあるときです。

お店をつくって、お金も時間も使ってやってきたけど、どうしても赤字から脱け出せない――。そこで、どうするか？

せっかくここまで頑張ってきたことが無駄になってしまうし、お金も時間も使ったし、いろんな人にも言ってきたし、ここでやめられない……。

どうしても、そんなふうにズルズル引き摺ってしまうんですよね。

だけど、**ビジネスでも投資でも、ときには「損切り」のタイミングが大切。できるだけダメージが少ないあいだに、いったん手仕舞いすることも重要**なんです。

そうすれば、また別のことで挑戦するだけの体力も「運」も残っています。

それよりさらに厄介なのが「人間関係が赤字」のとき。

「あの人には、あれだけやってあげたのに」

「こんなに苦労したのに、どうして応えてくれないんだろう」

そんなふうに、赤字になっている人間関係を「何で？　どうして？」と追いかけていくと、さらに関係がこじれて赤字も増えていきます。

ビジネスでも人間関係でも、すべてはタイミングが大切になります。

何かを始めるタイミングっていうのは、周りや「運」のあと押しもあるので、そんなに難しくない。

反対に「やめどき」のタイミングは、とても難しいもの。

何で判断するかといえば自分の「直感」でしかない。

人生の中で「やめどき」の体験をして「そうか……こういう気持ちのときに、こうなるんだな」と身をもって知るしかないんです。

その経験値と照らし合わせて、自分の感情が動いたときに「やめる」という行動に出られるような、自分自身の精度の高さを保っていられるかどうか。これが大切。

これは恋愛でもまったく同じだと思います。

大好きな人と付き合っていたのに「フラれた」というとき。ずっとあきらめきれなくて、損切りができない。

でも、ほんとうは「フラれた」時点で赤字が確定しているわけです。相手がもう次の恋愛に入ってしまっていたりしたら、その恋愛は永遠に黒字には戻りません。そんなときに、すぐに立ち直って、「運」を味方につけて進みだせる人もいます。

とにかく**「やめどき」を決断したら、スパッと次の行動に移って、忙しくて悩んでる暇なんてないですすっていうような人になってみてはどうでしょう。**

終わったものに「運」は決して宿りません。

そこにいつまでもじっとしているより、また動きだす。

そうすれば「やめてよかった」というときが必ずくるものです。

強運のツボ

「やめどき」の経験を積む。そして自分の直感を信じる

運を「つくる」

Chapter 2

14 「運」はどこでつくるもの？

僕は、大学を途中でドロップアウトして22歳のときに自分の会社をつくりました。そのときに、ある不思議な女性経営者と出会い、彼女からこんなことを言われたんです。

「拓巳君を見てると、何だか楽しみね。きっと成功するわよ。でもね、いろんな成功者を見てきたけど、みんなダメになるときは外からじゃなく内側から壊れるの。これ、絶対覚えおいてね」

——壊れるときは外からではなく、内側から。

そのときの僕には、すぐに理解できるものではない、難しい言葉でした。が、何か大切なことを教えてもらったという実感がありました。

だいたい会社がうまくいかなくなるのは、景気や取引先との関係や、そんないろんな「外側」のことが影響してるって思ってたからです。

でも、ほんとうはそうじゃない。

組織って、外からの力には案外強いものです。

何かの攻撃を受けたとしたら、それで結束力が強まったりしてはね返すことができる。

でも、**内側で何かが崩れたら、案外もろくて、そのままダメになる。**

でも、いったいなぜ、そんなことが起こるのでしょうか。

実は、私たちは自分の近くにいる人間、身内や仲間ほど「わかってくれてるから大丈夫」という甘えをどこかで持ってしまっていて、ちゃんと心配りをしたりケアをしていなかったりします。

これって誰もが思い当たるところがありませんか？

そして、外の顧客や遠くの知り合いや知り合ったばかりの人を大切にしようとする傾向があるわけです。

ほんとうは、自分に近い人ほど大切。

逆に自分に遠い人が、自分に対してよく思わないことがあっても、それはいろんな意味で距離が遠いから対応ができます。

でも、**自分に近い人、たとえば家族やスタッフに見放されたら、大きなダメージになってしまいます。**

だからこそ、何かを目指しているときに「外」ばかりに気を取られていたらダメ。ちゃんと「内側の人たち」を大事にすることが、運をつくる素になるんだよと、かつて僕にアドバイスをくれた女性経営者も伝えたかったんだと思います。

自分に近い存在の相手ほど、あらたまって何かを伝えたり、気づかいしづらいと思うのかもしれません。
でも、そんなに大げさなことをやるのではなく、たとえば、職場の仲間に「いつもありがとう！」って小さなメモと一緒に差し入れをするだけだっていいのではないでしょうか。

人間って特別なときのサプライズよりも、日常でのちょっとした「いいこと」のほうが、案外こころに響いたりするものなんです。

強運のツボ

自分に近い人たちに小さなサプライズを贈る

15 「強運体質」になれるマインドセット

皆さんの周りにも「あの人、いつも運がいいよなぁ」と思うような人がいませんか？

そんな人に共通しているのは「陽気、明るい」ということ。

「あの人、いつも暗くて、負のオーラが出ていて、だけど何だか運がいいんだよね」なんていう人は、あまりいないですよね。

それって、性格の問題でしょうか？　だったら、自分はいつもそんなに陽気なほうじゃないし、とても強運になれないよと思うかもしれませんが、そうじゃないんです。

運がいい人が陽気で明るいのは、必ずしも性格からくるのではなく、**自分の基本的なマインドセット（心持ち）として「快」でいることを常に心がけているか**らなんですね。

いろんな人から「ためになる話」を聞くのが好き。「そうか、なるほど」と合点がいく瞬間が好き。いろいろな「好きな瞬間」をいっぱい持ってるってこと。そして大事なのは、そういった自分の状態をいつもちゃんと認識していて「あ、ちょっと迷ってる」「(運が)下がってる」ということも見逃さないことです。運がいい人だって人間です。迷うこともあれば悩むこともある。ただ、一つだけ違うのは、そこからどんな状態に自分を持っていきたいのか、**自分が「快」の感情になれる出口をちゃんと見ている**ということでしょう。

僕の場合はどうしているかというと、かつてこんなことがありました。あるとき、右手を痛めてしまって曲げにくくなったのです。もう、すっごく不自由。毎日、すごい数のメールを打ったりパソコンでやらないといけない仕事があるのに、ゆっくりしか手を動かせないので「あー、もうっ!」ってなります。

そこで「そうだ、『快』の感情になれる出口を探そう」と考えました。すると「まったく手が使えないわけじゃない」という出口が見えたんです。今の状態が、じつは出口だった——。

だとすると、打ち間違えても「そうか、これはゆっくりやれってことだ」と認識して、いつもより丁寧に気持ちを込めてメールを打てました。

すると、そうやってゆったり仕事をしていることが「わりと心地いいじゃん」と思えてきたのです。これって、すごく不思議でした。渋滞を抜けて高速道路を走りだしたときの感覚と同じくらい気持ち良かったんです。

これはまさに、**自分で「快」になれる出口をちゃんと見つけられた**っていうことじゃないでしょうか。

生きていると、いろんな出来事がありますが、それと向き合う自分には二つの視点が必要です。**「事実」と「意味づけ」という視点**です。通常、何か失敗をしてツイてないなぁと凹んだときは「失敗した（事実）」と「ツイてない（意味づけ）」がセットになっているわけです。どんな出来事や結果もそうですが、起こっていることの「事実」は変えられません。何かの失敗をしたとしても「失敗はなかった」というのはウソです。それは事実を隠蔽《いんぺい》してしまっているのでダメ。

事実は神様が決める出来事なのだから、それは受け入れるしかない。だけど意味づけのほうは、自分がやっていることなので変えてもOK。

運がいい人というのは、基本的にそんなふうに**「事実を受け入れて、意味づけで出口を探す」**というマインドセットを習慣化しています。

変えられるものを変える勇気。
変えられないものは受け入れる広いこころ。

その違いがわかる知恵を手放したくないですよね。ちょっと自分のマインドセットが落ち込んでるなぁ、と感じたときは、そんなことを自分に言い聞かせて（アファメーションして）自分で「快」になれる出口を見つけるようにしてみてください。

強運のツボ

日頃から自分が「快」になれる出口を探す

16 「運」が上昇している自分をイメージする

すっごくいい話が舞い込んできたとき、あなたなら、どんな反応をしますか？

「え、私はまだそこまでじゃないから……」
「ホント!?　絶対やらせてほしい！」

なかなか運が向いてこないっていう人は、前者のような反応をしてることが多いんです。私は、こういうタイプだ。私はタイプ的にそういうの向いていない。そんなふうに、いろんなものごとに対して、自分のセルフイメージを基準にして判断してしまっている。

でも、ちょっと考えてみてください。いったい、自分の考えや行動を縛っているセルフイメージってどこから来てるのでしょうか？

じつは、**セルフイメージをつくりだしているのは「自分」ではなく「他者」**。

これまでに出会ってきた、さまざまな人から言われたこと、受け取ってきた評価、自分で何かをやったときの周囲の視線——。

いろんな「外からの評価」を「これが自分なんだ」と自分で自分に教えて、そう思い込んでしまった結果なんです。

そう。**あなたがセルフイメージだって思い込んでいるのは、じつは自分のほんとうの姿ではなく、周りの人たちがあなたに対して好き勝手に思っているもの。**すごくあやふやなものを元にして「自分はこんな人間だ」って自分で決めてしまってるということ。

だけど、そうやって周りがつくりだした自分のイメージに合わせているほうが、無難だから、そこに自分で居ついてしまってる。

そういう場所を「コンフォートゾーン（居心地のいい場所）」っていいます。

そして、人はそこから上に行くのも下に落ちてしまうのも怖い。だって、そこにとどまってる限りは、誰からも何も言われず快適だから。

なので、自分にチャンスが舞い込んできても、枠の外に出る恐怖感が「それは自分がやることじゃない」「そんなのは自分には無理」と、セルフイメージ内にあなたを閉じ込めるのです。

それでは、そこから脱け出して、ほんとうの自分のセルフイメージをつくって、運気も上昇させるにはどうすればいいのでしょうか？

簡単なのは、すでに自分のセルフイメージを高く持てている人たちの真似をすること。**憧れの人や成功者と同じような行動や振る舞いをしてみること**です。

たとえば、かつて作家になりたいと思った僕は、オファーや締め切りもないのにホテルに缶詰になり原稿を書いてみました。

するとそのすぐあと、ほんとうにある編集者との出会いがあって、僕のデビュー作が世に出ることになったんです。まるでそうなったときのリハーサルを勝手にやっていた。

まだオファーも何もない、自分の存在なんて知られてもないときから、そうやって自分で勝手に準備してたことが、自分のセルフイメージを「本を書く人間」という状態に上書きしてくれてたんです。


このように、**自分のセルフイメージは自分で上書きできるんです。**

そのために、まずは自分が目指す成功者や、自分が憧れる人の考え方と行動をマネるところからスタートしてみてください。

そのうちに、古いセルフイメージが居心地悪くなり、自然とその気になってきますから。

強運のツボ

成功したときのリハーサルを先にしておく

17 普段の自分の運気を上げるには？

毎日できるだけいい気分でワクワクして過ごしたい――。

そのほうが「いい運気」にも恵まれそうだから。

そう思っていても、日常のことを引き摺《ず》ってしまったり、あまり環境の変化がなくて、うまくワクワクする方向に気持ちが切り替えられない……。


そんな人もいますよね。

きっと、どこかに自分をワクワクさせてくれるものがあるはずだって、探しているんだけど、なかなか見つからない。

そう、あの「青い鳥」を求めて探し続けるみたいに「今の自分のいる場所には何もワクワクがない。自分の人生を生きる場所は、もっと別のところにあるはず」って、ひたすら探し続けてしまう。

だけど、ほんとうのところ、気分良く自分の人生を生きられる場所、ワクワクさせられる場所って、どこか遠くにあるわけじゃないんです。

それを見つけるいちばん簡単な方法は、自分の身近な人たちを常にいい気分にさせることです。

だって、**自分の身近な人たちがハッピーになるのなら、自分だってたちまちいい気分になれるはず**でしょ。

私たちはとくに、身近な人間に対してつい手抜きをしがち。それをまず改めてみるんです。

誰と、どこにいても、いつも同じように、丁寧にちゃんと話す。

それはもはや思いやりと同義語だと思うんです。

誰かのために手間や時間をかけるっていうのは、相手への思いやりそのもの。

同じ相手で、同じ場所でも、新しい人に話すような「つもり」で接してみると、面白いかもしれない。

そんなところから、最近しなかったような会話が生まれて、それがいい運気を呼び寄せるような行為になるかもしれない。

「じゃあ、今度の週末、久しぶりに一緒にイベントに出かけようよ」なんてことになったりして。

どんな環境でどんなことをしていても、そこには楽しいこともあれば、とくに感情が動かされないような普通のこと、そしてちょっと嫌なこともある。

でも、**大切なことは、それらを含めて、全部が大事なもの**だってことに気付けるかどうか。

ワクワクするような特別な出来事も運を呼び寄せるために大切だけど、楽しいことだけが大事じゃないんです。毎日の何気ないことだって大切。

どんなことをしていても、そこに自分にしかできないちょっとした思いやりを付け加えることはできる。

だから普段の生活でも、周りの人をいい気分にさせたり、皆に刺激を与える人のほうがどんどん運を呼び寄せるってこと。

「ほら、こんなの知ってる？」「これって、すごいよね〜」なんて、サービス精神良すぎるぐらいの生き方をしてる人は「運」にも愛される人なんです。

そういう人は、無理やり、どこか遠くに自分が成功できる場所を探しに行かなくても、運がその人を前に押し出してくれるっていうわけなんです。

強運のツボ

身近な人の笑顔を増やしてみる

18 努力しても「運」が向いてこないときの脱出法

世の中って、なかなか大変。

一生懸命いろんな努力をしてるのに、とんでもないことが身に降りかかってきて「もう、たくさんだよ！」って思わず言いたくなったりします。

僕にもいっぱいありました。

でも、そういう「どうしようもないこと」って人生には起こるものなんです。

そんなときにも**「意味づけ」を変えることで、皆を前に向かせたり、元気にさせてくれる人**がいます。

「これは、もしかしたら、こうしてみたら？　ってことかもよ」

その人がちょっと話をしてくれるだけで、何だか救われたような気持ちになる。

パッと視界を開かせてくれる。パワースポットとしての存在の人。皆さんの周りにもいないですか？　絶対に、いると思います。

とくに、皆が大変なときほど、そういう人には人が集まってくるもの。

ちゃんとどんな状態のときでも「今は、これをやろうよ」って、混乱することもなく、すっきりした表情と笑顔でいられる人は必ずいます。

自分が努力してるのに「運」が向いてこなかったり、大変なことが続いてこころが折れそうになってるときは、そういう**パワースポット的な存在の人と話してみてください。**


それでは、そういう人はどうやって見つけるのか。

実は、自分にパワーをくれる人を発見できる秘密のキーワードがあります。

それは「ありがとう」という言葉。

たとえば、こういうこと。ちょっと想像してみてください。

あなたが、Aさんにちょっとしたことを聞かれて、それに応えてあげたとします。

それは「どこか近くにいい雰囲気のレストラン、知らない？」とか、「この前、面白いって言ってた映画のタイトル何だっけ？」みたいな、ほんのささいな質問です。

そうしたら、あとからAさんにすっごく感謝されて「ほんと、いつもありがとう！行ってみたらすごく良かったよ」って笑顔で報告されたらどうでしょうか。

（え、そんな何もしてないよ）

と、あなたはちょっと戸惑いながらも、でも、何だか「快」の感情に包まれて元気になれるかもしれませんよね。

そう、すなわちAさんはパワースポットだったってこと。


人を元気にさせて、前に向かせてくれる**パワースポットとしての存在の人は、この「ありがとう」という言葉の使い手**なんです。

感情がいろんなものごとの始まりだとしたら、**「ありがとう」という言葉は、すべてのものごとを一発で良いものに変えてしまう最強のキーワードでもあるのです。**

運を開くために努力することは大切。

だけど、その努力に没頭するあまりに周囲が見えなくなって、いろんなことに感謝することも忘れてしまっていたら、ちょっともったいない。

だから、努力するのと同じくらい、ときどき自分で自分に確認してみてください。

今、ちゃんと「ありがとうのスイッチ」がオンになってるかなって。


一日の終わりに、眠りにつく前に、今日あったこと、思ったことを振り返って、一つでもたくさんの「ありがとう」を見つけてみるのだって、とてもいいことなんですよ。

強運のツボ

常に、「ありがとう」のスイッチをオンにしておく

19 人間関係の「運」を上げるには？

「この人と一緒にいると、何だかいつも気分いいんだよなぁ。」
「あの人とまだうまくいってないけど、頑張って仲良くなったほうが得かなぁ。」

さて、あなたなら、どちらの相手にお付き合いの労力をかけますか？

やっぱり、今よりもっと運を上げていくには、うまくいってない人間関係を改善しなくてはと、誰しもつい考えてしまいますよね。

でも、ここが落とし穴。

人間関係の運を上げようと思ったら、まず「今、うまくいっている人間関係を大切にする」っていうことから始めるべきなんです。

私たちは、**難易度の高い問題をクリアしないとレベルアップできない、欠点を解決しなければ成長できないと考えますが、人間関係でそれをやってしまうと大変です。**

つまり、すでに成功している人間関係をより良くすることが、じつは〝人運〟をアップさせるコツなんです。

誰にでも食べ合わせの悪い食べ物があるように、相性の悪い人が世には確実に存在します。**そういう相手には自分から距離を保つこと。**

直感レベルで「この人、合わない……」って人がいた。その人のやることなすことがカチンときたり、あなたの気持ちを逆なでしたり。これは、単純にあなたとの相性が良くないだけ。

しかし、人の心の奥底には不思議な世界があり、そのことを楽しんでしまうという傾向があります。

この点は要注意です。運気を下げてしまいます。

人は、自分と合わない相手、イラッとさせられる相手ほど興味を持ちやすいということを忘れないでください。

また、不思議ですが人と人の関係は**近づこうとすると避けられ、去ろうとすると追われるもの**です。

そうした自然に働く力や流れを感じ、無視せず、無理なく近づき、離れる。

「去る者は追わず来る者は拒まず」という考え方は、実は最強の教えなんです。

また、アメリカの詩人ロバート・フロストの言葉に**「人付き合いがうまいというのは、人を許せるということだ」**というものがあります。

「許す力」を持つことで人間関係は更に強化されます。

ややもすると人は周りをジャッジする「判定者」になりがちです。

誰にでも共通する価値観は「自分は正しい」です。なので、人が「正しくない」ということを論じてもあまり意味はありません。

その人の存在、行いを許すことで、その人から素晴らしい部分を引出すことができます。

さらに、アメリカの有名な実業家デール・カーネギーは**「人は誰でも、他人よりも何らかの点で優れていると考えていることを忘れてはならない。相手の心を確実につかむ方法は、相手が相手なりの重要人物であるとそれとなく、あるいは心から認めてやることである」**と言っています。

身の周りの人を「重要人物」として感じ、接することでその人との関係にも神が宿るようです。

強運のツボ

今、いい関係を築けてる人たちとの輪をもっと強くする

20 健康と「運」の不思議な関係

いきなりですが、健康って、当たり前だと思いますか？
それとも、当たり前じゃないって思いますか？

実は、ほとんどの人が健康を「当たり前」って扱ってしまっているんです。
なぜかというと、自分が健康であることに毎日感謝できてる人のほうが少ないからです。健康っていうのは「あることが難しい」もので、ほんとうは「有り難い」ことなんです。なのに、私たちは、健康を損ねたときにやっと「健康って、当たり前じゃなかったんだ」って気付きます。

運を引き寄せるには、常に自分が「快」でいることが大事。

健康っていうのは「快」そのもの。だから「快」でいるためには健康をもっと積極的に意識して、そうあり続けられることをしたほうがいいのです。

たとえば僕がやっているのは、食べ物にちゃんと気を遣うこと。

自分の体や健康は、食べ物でできているって言ってもいいぐらいだからです。自分の体質を上げるには、自分の体が摂取している水や食べ物や空気の質を上げていくのが大切です。

なぜ、それが大切かというと、放っておくと、人はどんどん自分の体質を下げてしまうような水や食べ物や空気を取り入れてしまうから。

とくに、残念ながら日本は添加物大国です。世界でもっとも添加物を体内に蓄積している国の一つとも言われているぐらいです。

ですから、もっとそのことにアンテナを向けましょう。

じゃあ、どんなことをすればいいのでしょうか？

そう考えたときに、まずやったほうがいいのは定期的に同じような添加物を取り入れないようにすること。たとえば、調味料などはできるだけ無添加のものを使う。お醤油や油、ドレッシングなどは、家庭でもずっと同じものを使い続けることが多いですよね。それだけに意識しないあいだに、体に良くないものを取り入れてしまってる可能性も高いってことです。

地方の品質にこだわったメーカーのものには、添加物をまったく使わないか最小限にしてつくっているものもたくさんあります。できるだけ、そういった製品を使ってみるのもオススメ。

野菜なども、ほんとうならちゃんと信頼できる農家の人に無農薬のものをわけてもらえたらいちばんだけど、なかなかそうもいきません。それでも、スーパーが契約栽培でつくって売っている野菜などは、定期的に検査もされていて、比較的安心できるものも多いので、そういうのをちゃんと選んで買うっていうことも大事です。

なぜここまで食のことまで細かく言うのかっていうと、私たちは毎日、やりたいこと、やらなきゃいけないことが多くて、つい、健康の源である食のことに手を抜いてしまいがちだから。

食で健康な状態を保ち、運気を上げていくっていうのも、ほんとうは大事なことなのに、そのことに気づかず、添加物を大量に取り続ける傾向があるからです。

もっと健康や食についてのリテラシーを上げていくことも、強運体質になるには、重要なテーマなんです。

健康は勉強しないと手に入らないもの。当たり前にあるものじゃない。逆に言えば、ちゃんと学んでいけば手に入るっていうこと。

健康な体には、運が宿りやすいし、そんな健康について学び続ける人に「運」だって味方してくれるはず。

それなら食べ物にも気を遣って、自分の体を内側からピカピカにしてあげましょう。

体調も良くなる、いつも「快」でいることができる、「運」も寄ってくる、というわけだから一石三鳥じゃないですか。

強運のツボ

毎日の食べ物を健康を意識したものに変えてみる

21 「運」の初期設定を変える方法

一生の「運の量」は決まっているのでしょうか？

それとも無限に使えるものなのでしょうか？

変なことに運を使ってしまって後悔する――。

もの凄くラッキーなことが起き、「一生分の運を使い果たしちゃった……」と思ってしまう。私たちは、いつの間にか運が無限ではないと思い込んでしまっています。

そういった場合には、次のように考えるなどして、**運に関する初期設定を変える**必要があります。

・運の量は無限だ

・ラッキーを喜べば喜ぶほど運はあふれてくる

・次から次にいいことが起きてもいい
・凄いことはアッサリと起きていい
・好運を喜び、感謝すればするほど道は開けるものだ

しかし、自分の運を何に使うかは**運についてのセンス**が問われます。

意味不明なことや、どうでもいいことに使ってばかりだと、しまいに運に愛想をつかされてしまいます。

運を素敵なことに活かしきれないあなたから、人が離れていくかも知れません。

そして逆に、どうでもいいことが好きな人たちが集まってくるかも知れません。


いずれにしても、運のセンスはどんどん磨きましょう。

本当はどんな人生にしたいのか？　本当はどうありたいのか？　これらを日頃から考えるクセが、運のセンスを磨くコツです。


好運を誰かのために使ったらどうなるでしょうか？　その人に流れが回ってきたと

きに、あなたにお返ししてくれるかもしれません。たくさんの人に役立つような運の使い方をすれば、永遠にお返しを受け続ける人生になるかもしれません。

ともかく、自分に運の流れがないときには、むやみにジタバタしないほうがいい。それだと泥沼に深く足を取られます。好調と同じように不調も決して長くは続きません。

さらに運に味方されている人を嫉妬しないようにする。その人の幸せを自分のことのように喜ぶことで、あなたの好調は長く保たれます。

そして、**好調でも不調でもないとき、このときの時間の過ごし方がとても大切**なんです。

やったらやった分の等身大の進歩しかないかも知れません。それを切々とやり続けていくあなたにチャンスがやって来ます。

それは、**運気が高い人からのお助けかもしれません。これこそが「お陰様で」の「お陰運」です。**

この運があれば、**自分には今、いい流れが来ているわけではなくとも、運気**

の高い人に助けられましたとなるのです。

やることすべて期待はずれの結果となり、運に見放された気分になるときもあります。周りの人たちの冷たい目に、孤独感にさいなまれるときもあります。自分の行動や発言で誰かを傷つけ、そのことに耐えきれない気持ちになるときもあります。

しかし、チャンスというものは巡ってくるものです。あなたにも必ず好運が訪れます。

腐らず、嫉妬せず、恨まず、つぶれず――。そうやって今というときを楽しみながら前に進んでいれば、運気はきっと上がり始めます。

強運のツボ

チャンスは必ず巡ってくる。運気は必ず上がると信じる

22 最近「運気が下がっている」と感じたとき

大きな出来事があったというわけでもないけど、どうしても調子が出ない。ちょっとずつ、いろんなことがうまくいっていない気がする……。

あれ？　もしかしたら、これって運気が下がってる？

そんなときは、まず**自分を整えるっていうことを意識**してみてください。

前述した通り、健康と運気はすごく関係があるわけですが、運気が下がっているということは、こころ（メンタル）か自分の体（フィジカル）のどちらか、あるいは両方のバランスが乱れてることが問題なのかもしれません。チェックしてみましょう。

そういうとき、僕はよく「ホワイトセージ」を焚《た》いて、部屋をリフレッシュさせます。ケミカルな香りより、ナチュラルな香りを楽しんでいます。

また「盛り塩」もおすすめです。部屋の入口に置いてみると気持ちがスッキリします。そして、仮眠を取ったり、早く寝るなどして体調を整えてみてください。

そうやって朝、スッキリした気分で起きることができれば、それだけでも「快」になれるから、その日は、何をしていても気分が良かったりしますよね。

とにかく、**運気が下がってると感じているのに、そのままの状態で行動し続けないこと。**

調子が良くないときには、自分でも気づかないうちにあまりいい表情をしていない場合が多く、結果も好ましくないものとなるような行動をしているもの。

そんなときは、心の状態をチェックをし、調子を上げるように意識してみましょう。

たとえば「これを誰かに伝えたい！」っていうような素敵な情報を持っていると、人はパワフルな状態に自分を持っていくことができるもの。

もしくは誰かの講演や、面白そうな本を読んで、自分なりにまとめてみる。するとムズムズしてきませんか？　誰かに早くこれを伝えたいって。

自分の調子を整えたら、その次は行動を少しだけ変えてみるんです。

今の自分は過去の自分が選択してきた結果。それならば、**今の自分の選択が未来の自分となるわけです。**

新しい選択をしてみることで、新しい自分と出会えるのです。

たとえば、最近流行っているお店やスポットに足を運んでみる。

話題の映画やショーを観に行ったり、パーティーに参加したり。

基本的に、そういう場所には元気で「快」な人が集まってくるもの。

そうした人の中で同じときを過ごし、同じように笑ったり、感動したりすることで自分の中で弱っていた「運」に刺激を与えることができるというわけです。

自分の体の中に「ウン君」という動物が棲んでいると想定してみましょう。

運が下がっているときは「ウン君」が病気がちのとき。

弱っているときは無理をせず、安静にしているのがいちばん。

少し元気になるのを待ちましょう。


回復したら、免疫力が高まることを普段から心がけてほしいものです。

たとえば前述した「笑う」。とってもいいですよね。そのほか、肯定的に現実をとらえる。軽い運動を習慣づける。そんな少しの行動を取ってみるんです。

なぜなら、運は「ある」「ない」というよりも、日頃の習慣が大切なのですから。

強運のツボ

調子を整えて、運に刺激を与える行動を取る

23 相手のメリットにしかならないことを考えてみる

「夢」に「公」を足すと「志」になります。

それとは逆に、自分の夢、願望は総称して「欲」と考えることもできます。

一般的に、私欲を叶えたいのが誰しもの気持ちかもしれません。

それを実際に叶えるためには、「公」を足すといいんです。

それは、**私欲の実現が世の中の喜びとなるよう加工するといい**とも言えます。

たとえば「家が欲しい！」という私欲があったとします。「家を手に入れる」が非常に個人的な喜びであるなら、それを公共の喜びにするにはどうすればいいでしょうか？

そうです、**「みんなが集まれる場所をつくる」**とするのです。

その最小単位を考えると「君と僕の」になります。

「自分の」が「僕たちの」に変わるとき、さらには「みんなの」に変わると大きな力となるんです。

しかしながら、現実には……、

「君と僕のためだから頑張ろう」とか「みんなのためになるんだから協力して」と訴えても、思いがなかなか届かなかったりすることも多々あります。

なので、普段から「みんなの」ということに意識を向けると運という風が吹き、流れがスムーズになるのです。

それには**「自分のメリットではなくて、相手のメリットにしかならないこと」に着目してみる。**

自分には興味がないが、きっとあの人はこれを喜ぶであろう情報。

そのパーティーに自分は行けないが、あの人なら行きたがるであろうパーティ。

普段から「他者のメリット」にフォーカスしている人の話には、みんなが賛同してくれるものです。

ところで最小単位を「君と僕の」と表現しましたが、最大単位は何でしょうか？
この街の、この県の、この国の、この世界のため――。
さらには、この星のため、人類のため、生命のため――。
自分と知人の枠を超えると、それは「社会益」となっていきます。
普段から「社会益」に興味を持ち、動き始めると、運気が確実に変わります。
初めはほんの小さなスタートでもいいので、試してみて下さい。

それは街角の募金かも知れません。
それだとしても、確実に流れが変わり始めるのです。

ここで天国と地獄は同じだってお話を紹介しましょう。
天国にいる人も地獄にいる人も、とても長いお箸を使っているというものです。
そして、どちらの住人も、とってもお腹を空かせています。
地獄にいる人たちは、その長いお箸を使って自分でご飯を食べようと苦労しているんですが、ちっとも口に運べない。

天国にいる人たちはというと、長いお箸を使ってお互いに相手の口に食べたいものを運んであげている。そんな内容です。

同じ環境や状況だったとしても、この長いお箸の使い方の例みたいに、考え方や行動が違うだけで、人は天国にも地獄にも行けるんだよって伝えてくれるお話です。

自分のメリットだけを考えるのではなく、相手は何を欲しているのかに着目すると天国への道が見えてくる——。そうすれば運気も上がっていくというわけです。

強運のツボ

普段から「他者のメリット」にフォーカスしてみる

24 人前でどうトークすると「運」は上がる？

自分の伝えたいことを誰かに伝える――。
この感動をあの人と共有したい。
こんな素晴らしい話、初めて！
絶対、あの人と一緒に活動したい！

でも、いざ気持ちを伝えてみると……。
あらら？　何で一緒に感動できないんだろう？
何で相手が怒っちゃうんだろう？
何であの話を再現できないんだろう？
何で悲観的な意見しか得られないのだろう？

これはつまり、「知る」と「わかる」が違うように、「感動する」と「感動を伝える」が違うからなんです。

その難しさには僕自身いつも驚いていますが、その難しさを経験すると、新しい扉が目の前に姿を現すのも事実です。

こういうときはまず、**感動できる心に素直に感謝してみましょう。**

そうすれば感動の輪郭が見えてきて、感動の核心がつかめます。

さぁ、これをどう料理し、どう伝えると人に伝わるのでしょうか？


言葉の魔術師みたいな人ってほんとうにいます。

彼らの頭の中はどうなっているのでしょうか？　僕はこう思います。

そういう人は、伝えたいものをそのまま伝えるのではなく、一度咀嚼し、的確に伝わる話に加工し、そこでようやくその内容を話しているのではないでしょうか？

このレベルを目指すために**大切なことは、素敵な語り手、憧れる語り手の口調や話す内容をマネして話してみること。**

そうしていると、テンプレートみたいなものが自然と自分の中に生まれ、知らないうちに応用できるようになっていきます。

伝えたいことを、伝わりやすい順序にして、チャート式に頭に描く。その物語を頭で映像化し、その映像を観ながらそれを言葉に変えていく。言いたいことを言い表す絶妙なたとえ話を織り込んだりしてみる。笑いやユーモアを加え、聞いてる人が楽しい気持ちになり、次は何を話すんだろう？　と思わず前のめりになるよう工夫してみる。

また、上から物を言わないっていうのも大切です。

断言することで傷つく人がいないかといった配慮をするのも大事。

「……である」と言わず「……かも知れない」と聞き手に逃げ道を用意する優しさも話術の極意。

季語を使うが如く、時事ネタを盛り込むのも、新鮮な感覚や驚きの導入として効果的で、粋な言葉選び、ユニークな言葉選びとともに、とても大切なことだと思います。

少しでも余裕が出てきたならば、聞いている人が「なるほど」「へぇ〜」「だよねぇ」と共感して、**その人自体がこの話を誰かに伝えたいと感じるような楽しい話を目指してみる。**

そうすれば、その楽しさに運気が宿り、しまいにはあなたの周囲にまで広がっていくのではないでしょうか。

強運のツボ

聞き手が内容を伝えたいと思うような楽しい話をする

25 とっておきの「開運」方法とは？

とっておきの「開運」の方法ってあるのでしょうか？

開運法ってもの自体、実は非常にプライベートなものではないでしょうか？

それは「こころの秘密」と呼べるかも知れません。


子どもの頃、僕は不思議な体験をしたことがあります。

僕の両親は三重の志摩半島で真珠の養殖業を営んでいました。

波のおだやかな入り組んだ入江に真珠筏《いかだ》があちらこちらに浮かんでいます。

海から見上げると、半島のあちらこちらに別荘や保養所が並んで見えるのです。

そんな風景の中に真珠養殖の作業場があり、僕は子どもごころにも、いったいあの別荘にはどんな人たちが過ごしているんだろうと思っていました。

おそらく僕が幼稚園のときです。

ある日、それまでずっと明かりがついたことのなかった空き別荘に、明かりがついているのを見つけました。

そして、しばらくすると、こんなうわさが流れてきたのです。

どうやら外国人が別荘を買って、そこで布教活動をしているらしい……。

すると、ある日、父親が仕事をしている作業場にもその外国人がやってきました。熱心に話をする彼らに何かを感じたのか、やがて父親は僕を連れ、彼らの別荘を訪ねて行ったのです。

外国人は「この話は絶対に他人には言っちゃダメだ」と念押し、あるおまじないのような言葉を教えてくれました。あれから数十年が経ちますが、今も僕はそのおまじないを使っています。

けれど、まったくもって何のおまじないなのか、今もわからずにやっているんです。よく考えたら、おかしなことですよね。

中学生から大学まで続けた陸上競技の大会でも、受験でも、仕事の正念場でも、プライベートな場面でも、今でも使っているのです。

信じるものを持っているのは得です。

おそらく、アファーメーション（魔法の言葉）もこれと同じだと思います。
そのほかで、僕がよく使っているアファーメーションのトップ3を紹介します。

1. 「凄いことはアッサリ起きる」
2. 「すべてはうまくいっている」
3. 「全部ベスト！」

「凄いことはアッサリ起きる」の効果は、チャンスがやって来ても手をこまねかないこと。そして、制限なく未来のビジョンをイメージできるようにと、いつもつぶやいています。

「すべてはうまくいっている」と「全部ベスト！」は、起きているアレコレを肯定し、これが起きてしまったのではなく、わざわざ起きているんだ、これが絶妙なタイミングで、絶妙な事柄が必然的に起きているんだと肯定的に受け取れるようにとつぶやいています。

起きていることにどんないい意味づけをするかは、強運体質になるための極意じゃないかと思います。ずっと変わることなく自分が信じられるものがあるってことは、その人にとっての開運のおまじないかもしれません。

じつは、人生で大事なのは、ほんとうに起こったことよりも「そうかもしれない。いいことかもしれない」という「気がしてくる」こと。

この予感や感覚が、苦しい状況や厳しい環境から脱け出させてくれる力になり、運の力も呼び寄せて道を開いていくきっかけにもなっていくのです。

強運のツボ

自分だけのおまじないを持つ

運を「キープする」

Chapter 3

26 「運」をキープするには？

最近、結構いい感じに運が向いてきた。やることなすこといい感じ。この感覚をぜひ続けたい――。

誰だって、いい運はずっとキープしたいって思いますよね。
ですが、運気の良いときっていうのは、ずっとは続かないもの。
逆に、運気の悪いときっていうのもずっとは続きません。

運が良いときは謙虚でいる。そして運が悪いときも自分を卑下しない。
これは、運と付き合う上での基本的なことです。
それより、もっと大切なのが**「普通の時期」のすごし方**。特別何をしなくても、
運が良いときは良い方向にものごとが動いていくし、悪いときは思うようにいかない

もの。

だからこそ、そうではないときの**日頃の「自分の在り方」が大事になってくる**んです。

とくに**運気に左右されていないときに、毎日をちゃんと生きていけるかどうか。**この坦々《たんたん》とした日々を大切にしている人ほど、結果的に大きく飛躍していける人です。

こういった人には、一つの特徴があります。

それは、日頃から人を喜ばせることを大切にし、周囲の人たちがつくってくれた**「お陰運」の力で前に進ませてもらっている**ことを自覚していること。

誰かの役に立つことや、みんなに支えられていることといった「お陰様で」を大切にしている人が多いのです。

成功するために、夢や目標に向かうために「仲間の中にいても自分は負けないぞ」という気持ちも大切です。

でも、仲間から、「この人、すごく頑張っているな、何か役に立てないかな」という気持ちを持ってもらうことは、もっと大切です。このことによって「お陰運」をいただくことができるのです。

自転車レースをイメージしてみてください。

いちばんパワーのある人が先頭を切って走って、その人を風よけにしてうしろの人たちが続いていく。先頭を走る人が弱ってきたら、また別の誰かが交替して先頭に出る。

そんなふうに、仲間の力をいただいて「お陰様で」走り切ることができるからゴールできるっていうこと。

誰かの運をサポートすると、また自分にも運が回ってきます。

だからこそ、自分に運が向いていないときの生き方が大切。

これって季節と同じです。冬に厳しさに耐えながら根を張って、春に芽吹いて、夏は思い切り成長して、秋に収穫のときを迎える。

いかに収穫の秋以外の季節をちゃんと過ごしたかによって、収穫の量も中身も違ってくるというわけです。

収穫のときになってから「もっとたくさん収穫したかった」なんて嘆いても仕方ないですよね。

収穫時期以外のすごし方、ゴールに向けて進んでいるときのすごし方が悪ければ、それだけの結果しか返ってきません。

収穫がどうかってことばかり気にするのではなく、収穫のとき以外の時間の過ごし方にこだわってみてください。

そんな「普通のこと」をちゃんとやっている人が、結果的に運をキープできる人になれるんです。

強運のツボ

「普通」の生活を手抜きせずにすごす

27 やる気が続かない理由

成功した人の話を聞いて、すごくやる気が出た～。
自分の夢の計画を立てたら、ワクワクが止まらない。

そして、次の日。
あれ？　何だか昨日のやる気が消えてるんだけど……。
むしろ、すごいやる気になった前よりも、いろんなことが色あせて感じる。
そんな経験って誰にでもあると思います。

僕自身も、そんな自分を「何をやっているんだ！」と叱咤激励し、意志が弱くてはダメだ、どうしてやる気が継続できないんだ、などとやる気の萎《な》えた自分を責めたりしていました。

でもあるとき、それは当たり前のことなんだって思ったんです。

人間の体には「常に〝恒《こう》〟の状態を維持しようとする性質＝恒常性（ホメオスタシス）」っていう働きがあります。「普通の状態を維持しよう」っていう性質です。

運動して体温が上昇したら発汗作用で熱を奪って体温を下げようとするし、興奮しすぎたらそれを鎮める脳内ホルモンが分泌される。そうしないと生命維持に支障が出てしまうからです。

だから、すごくやる気になって感情が昂《たか》ぶっても、もとの基本的な感情の状態に引き戻されるんです。やる気が継続できないというのは精神的な障害などではなく、単なる生理現象だったんです。

これは恋愛だって同じだと思います。恋に落ちて、いても立ってもいられない。

メールの返信がないだけでソワソワして、声が聞きたくなり、今すぐにでも一緒にいたくなる。

でもある日、突然魔法がとけて、すべてが素《そ》っ気《け》なく感じられる。
あらら？　この恋、終ったかな。私っていつもこうなんだよねと自分を省《かえり》みてしまう。
でも、それが正常だってことなんです。

やる気は消えたんじゃなく、通常モードに移行したってこと。
むしろ、それがこころの生理現象なんです。
これは「やる気のリバウンド」と考えることもできます。

常に「恒の状態」にいたいのが人間の生理現象だとしたら、この力を借りて運気をアップさせる方法は、自分にとっての「恒」の概念を書き換えることです。
何が自分にとっての「当たり前」なのか、「恒の状態」なのかを新たにすることで新しい現実と出合うことができます。

「いつも素敵な自分でいたい！」ではなく「いつも素敵な私です」に書き換え

る。

「豊かになりたい」ではなく「いつも豊かな私です」に。

「輝きたい」ではなく「いつも輝いてる私です」に。

「望んでいる自分」を日々、実現しようとするよりも、「望んでいる状態にいつもいます」と言葉にしてみてください。セルフイメージは言語によって書き換えることができるのです。

「私はすでに〇〇である」と言語化することで大いなるカンチガイ、素敵なカンチガイが成立するのです。

強運のツボ

やる気がなくなったら、言葉の力を借りる

28 「運」を向かせる〝ひとり作戦〟

今の自分は、やりたいことができてるのかな。

ちゃんといい方向に向かっているんだろうか。

心配とまではいかなくても、ふと立ち止まってしまうことってないですか？

そんなときは、まず現状把握をしましょう。**自分の現在地と状況を確認する。それだけで仕事の半分は終わってる**ともよく言われます。

自分の行きたい場所があって、そこに向かいたいのに、自分が今どこにいるのかわからなかったら行動できないですよね。

東京にいて、沖縄に行きたいんだ！　って思ってるのに、北の方向に向かって進んでいたら目的地にはたどり着けない。

目指す場所に対して自分が今いる場所、そこに行くまでに必要なものとのギャップが明らかになれば、何が足りないのかが自然とわかります。

ハッキリしていることと、ハッキリしていないことを明確にできると、心はスッキリします。


そして、ここで作戦です。いったい何をすれば、目的地にたどり着け、必要なものが揃うのか。Ｔｏ Ｄｏリストをつくって、優先順位をつけることでこころに「やる気のスイッチ」が入るんです。

でも、それだったらやってますという人のほうが多いかも。

なのに、途中で挫折してしまってる人がいるのはなぜなのか。実は、**やることの優先順位をつけても、それを後押しする言葉が足りてない**からなんです。

どんな言葉を自分にかけてあげるかで、達成スピードと成功の確率がぜんぜん違ってきます。たとえば、頭の中で繰り広げられる自分との会話で、どんな言葉が交わされていますか？

その会話のクオリティを上げていくことで「人生の質―Quality of Life―」が向上するのです。


「これってできるかな？」「できるわけないじゃん。辞退しなよ」よりも、「これってできるかな？」「やってみないとわからないよ」のほうが未来だって開けます。

「失敗だったかな？」「ほら、やっぱりダメじゃん。やめておけば良かったものを」よりも、「失敗だったかな？」「これも経験。これを未来に活かしていったらいいよ」のほうが未来だって明るい。


頭の中で天使の自分と悪魔の自分が語り合っているって感じるときもあります。

そのとき、あなたはどっちの言葉を優先するでしょうか？

悪魔の自分に頭の中を支配されていませんか？

天使の自分が猿ぐつわをされていたり——。

あるときは悪魔の自分の言葉を優先することで危険や失敗を回避することもできます。一概に「常に前向きに」をオススメしているわけではありません。

交感神経と副交感神経のバランスで体が保たれているように、前向きと後ろ向き、アクセルとブレーキのバランスで、素敵な状態をぜひ保ってください。

肯定的な天使の言葉、否定的な悪魔の言葉——。それをジャッジする第三の自分。

頭の中の会話のレベルを向上させる意識とセンス、努力と挑戦が人生の質を向上させ、自分の運気も上げていくのです。

強運のツボ

どんな言葉を今の自分にかけるべきかに注意する

29 「運」の悪い自分に腹が立つとき

急いで出かけようとしたら雨が降ってきた。

傘を探したら、どうやら昨晩、食事したお店に置き忘れてきたらしい。

仕方なくコンビニで傘と朝食用のサンドイッチを買ったら、店員さんがサンドイッチを渡し忘れてたことにしばらくしてから気付いた。傘に気を取られすぎてたんだ。

（あー、もう）

時間がないのに、わざわざ戻ってサンドイッチを受け取り、駅に急いだら、今度は信号機のトラブルで電車が止まってる！


「何だよ～」

イライライラ……。

「今日、ついてないな……」と思わず言ってしまった――。

それならば、その日はそういう一日となります。言葉ってほんとうに恐ろしいと思ってください。

雨が降ったこと、傘を置き忘れたこと……。
すべて受け入れて明るく考えることができたとしたら？
サンドイッチも、止まってしまった電車も……。
それらの過程を上手に楽しめたならば？

その後の時間の過ごし方が大きく変わるものです。

何でそうなるんだ⁉
ついてないな。
これがいつものパターンだ。
あ～あ、やってられない。
あふれ続けるそれらの不吉な結論を断言してしまう言葉たち。

イライラは次のイライラを誘発します。
悲しい出来事は次の悲しい出来事を呼んできます。
不幸は不幸を呼び集め、残念は残念を呼び集めます。

運を下げ続けないためにも、この流れを断ち切らねばなりません。
そんなときにとっておきの「素敵な言葉」があります。
それは**「ってのは、ウソッ！」**です（笑）。

少し拍子抜けしましたか？
しかし、これ、効果絶大なのです。
試してみて下さい。

「あ～！　も～！　今日はほんとうについてない……、ってのは、ウソッ！」
「もういいや。どうにでもなれ！　ってのは、ウソッ！」

「やってられないよ。何だよあいつは！　あいつなんて……、ってのはウソッ！」

「ってのは、ウソッ！」と言うだけで、マイナスの流れを断ち切り、新鮮で爽やかな感覚をよみがえらせ、新しい未来に意識を向けていくことができるのです。

マイナスの感情をあふれさせるでも、押し殺すでもなく、「ってのは、ウソッ！」で断ち切り、そこから新しい現実を始めていくんです。

ぜひ試してみてください。

強運のツボ

「ってのは、ウソッ！」は魔法の言葉

30 「運」をいとも簡単に増やすには？

すごくいい情報を教えてもらったとき。
あなたなら、どうしますか？

「わぁ、こんないい情報、絶対ほかの人に教えたくない」
「わぁ、こんないい情報、早くほかの人にも教えてあげないと」

「独り占めしたい！」も「みんなでシェアしたい！」も、どちらの感情も持っている
のが私たち人間というものです。

しかし、そこで一旦、

1. この情報は未来のどんな可能性を秘めているのか？

2．この情報は誰に有益か？　誰に教えてあげると喜ぶか？

と考えると、「誰に」「どのように」これらの情報を伝えるといいのかが明らかになります。


素敵情報は、シェアする度に幸せを増幅してくれます。

素敵を株分けすると増大するのです。


人脈も同じことが言えます。

独り占めするとすたれてしましょます。

あなたにとってうまく使いこなせない人脈は、ある意味、宝の持ち腐れになるのです。

しかし、ある人にとっては知り合いたくてたまらない人だったりします。

それらのご縁をつないでいく、情報や人間関係の「ハブ空港」に自分がなれたとしたら――。

「あなたからやって来る情報は、私にとっていつもワクワクを感じるものです」というポジションを手に入れてください。

目の前の情報も、「自分にとってのメリット」をモノサシとして見るのではなく、「誰かにとってのメリット」をモノサシにすれば、無駄な情報がほとんどなくなります。


次に情報を発信する立場としてものごとを見てみましょう。

あなたが発する有益な情報。

人のためになり、そしてシンプルかつ素敵な情報は**「○○さんて素敵だ」という言葉**です。


うわさ話や人の不幸話は蜜よりも甘いといいます。

だけど、絶対にその魅惑におかされないで下さい。

うわさ話を好む人は自分のうわさ話にきっとつぶされます。

それよりも誰かの長所を讃《たた》える話を流布しましょう。
巡り巡ってその誰かの耳に伝わるかも知れません。

「○○さんって素敵ね」
「○○さんの一言に救われた」
「今、一番輝いているのは○○さんだね」
「本当は、○○さんがいちばんあなたのことを心配してくれているのかも」

第三者からそうした情報を伝えられたほうが、直接伝えられたときより影響が大きいのです。

運のいい人はこの法則を上手に使っています。

強運のツボ 情報の発信源にあなたがなる

31 「運」と「お金」を味方にするには？

いきなりですが、人間の「本業」って考えたことがありますか？

本業には、「人」としての本業と、「動物」としての本業、さらには「個」としての本業の三つがあると僕は思っています。

「人」としての本業については、心の成長が大切で、魂の切磋琢磨がまさに本業になると思います。

「動物」としての本業については、子孫繁栄、種を守ることが本業ではないでしょうか。

「個」としてのそれは、この人生を楽しみたい、有意義にしたいということがそれに当たるのだと思います。

では、そこにお金はどう入り込むのでしょうか？

そんな余地ってあるのでしょうか？

お金とは、すなわち「予算」である、と僕は思っています。

先の三つの本業を達成するための予算――。


さらに、そこに運はどう関係するのでしょうか？

運と本業の関係はどうなっているのでしょうか？

あのとき、あの場所で、あの人に巡り会わなかったら、と考えるときがあります。

まったく違った人生がその後、展開されていたのではないだろうか？

また、後で振り返って、あのとき、もしこうなっていたらと思うと「ヒヤッ～！ゾクッ！」と感じることがあります。

すべて、現在起きていることは偶然の産物で、生きていることさえ奇跡なんだと感じるときすらある。

まさに人生は予測不可能――。

結局のところ、私たちは人間としての本業をまっとうするために生きているのだと思います。その本業も、個人のとらえ方によって、様々な価値観を持っているわけで、その価値は自分で決めるべきものであり、他人に決められるべきものではない。

「人」として、「動物」として、「個」として――。

さらに、それらの他にも「女」として、「息子」として、「親」として、「社長」としてなど、たくさんの本業についての価値観やアイデンティティがあり、各々がその価値を主張している。

結局、そこに「運」と「お金」がどう絡み、満足のいく人生をつくり出せるのかという芸術作品に私たちは挑んでいるのではないでしょうか。

どの本業を重要視し（ということは、どの本業を軽視し、ということになるのですが）優先順位をつけて生きるかってことは、ある意味とても残酷で、そこでは大胆な選択が求められると思います。なぜならば、この本業の優先順位の配列がその人の人生を形づくってしまうとも考えられるからです。

結局、**お金にしても運にしても、その人にとって優先的なポジションの本業**

にいちばん降り注ぎ、その役目をなすのだと思います。

この配列がしょっちゅう気分で変わるようならば、きちんとした形になる前に崩壊し、新たなる形成が始まってしまい、さらにまた壊れるという人生を繰り返すことになるのではないでしょうか。

いずれにしても、**あなたという人生の主役はあなたであり、そのキャラクターがどんな本業を生きるのかという決定権も、あなたにある**ことだけは確かだということなんです。

「運」も「お金」も、その結果として付いて回ることになるでしょう。

強運のツボ

人生において、どの「本業」を優先するのかは自分で決める

32 人の運気が上がるようにアドバイスするには？

「あぁ、もっとこうしたらいいのに」
「う〜ん、それはそうしない方がいいのに」

周囲の大切な人が何か停滞してるなら力になりたい。できればアドバイスしたいって思うことがあります。だけど、アドバイスするっていうのはかなり難しいことなんです。いろんな経験をすればするほどほんとうに難しいと思います。

その人との人間関係をたとえば「インフラ」と呼ぶなら、アドバイスするたびにそのインフラは劣化していくと思います。

パイプにいろんなものが付着したり、ちょっとひびが入ったりして。だから、アドバイスなんてものは極力、避けたいものです。大切な相手であればあるほど、長い付き合いになるならなるほど。

そうしたインフラを劣化させずにアドバイスをする方法に「**ヴォイスチェンジ**」って方法があるんです。

直接、その人にアドバイスするのではなく、誰か他者にお願いしてアドバイスをしてもらうやり方です。


「最近、うまくいってないんだけど、どうしてだろう？」友人から聞かれたとする。

「それはもっと新鮮な情報をドンドン取りにいくべきだよ！」とこちらはその友人にアドバイスしたいところ。そこであえて、

「そうなんだ。○○君に一度、時間をとって相談してみたら？　いいアドバイスくれると思うよ」と答える。すかさずその○○君に連絡を取り、「もっと新鮮な情報をドンドン取りにいくべきだよ！」と友人に伝えて欲しいとお願いする。

あくまで本人の力で問題に対する答え、打破する方法をつかんだんだということを第一に考える。

そうした一手間、二手間が友人に対する思いやりだと思います。

また、少し「的を外すアドバイス」って方法もあります。

「お前さ、暗い話が多いよ。もう少し楽しい話題を話してごらんよ」っていうのはダイレクトなアドバイス。

そんなときでも少し的を外して、

「楽しい話のこと〝ヘブンスピーチ〟って言うんだってね」

「ヘブンスピーチ、それいいね〜」

と伝えてみる。さりげなく何かが伝わる的外しの話術です。

「こんな服、着てみたら？」を「こんな服、流行ってるらしいね」に。

同じことを伝えようとしてるけど、前者と後者では伝わる感じと意味の広がり方がまるで違うと思います。

ある相手、つまりただ一人だけに伝えたいことを、大勢の人に向けて伝えるって方法もあります。

すると、「今日の話、自分に言ってもらったような気がした」と返ってくるかもしれませんが、「深読みし過ぎだよ」と大笑いして軽くかわしたりする。

その人とのインフラを劣化させないのと、その人が自分の力で気づいたという手柄を奪わない。

いい人間関係に神様は宿る。もちろん、そこにいい運気も宿ります。

これからの時代は、とくに人間関係のインフラが重要になります。

昔みたいに肩書きだけで仕事できない時代が到来したからです。

強運のツボ

人間関係という「インフラ」を大切にする

33 最悪な自分から脱け出す方法

絶対ピンチに見舞われる——。
そんな場面が人生にはあると思います。
毎日もがくように生きている。
心が重い。風景が暗い。心配事が降り積もる。
あるときは、「何でそうなんだ!」と怒りがこみ上げ、
あるときは、「もーいいや……」と気持ちが落ち込む。
起きていることを、受け入れるまでの時間が長ければ長いほど苦しみも大きい。
こうなったらどうしよう、ああなったらどうしようとあれこれ想像しては、心配事

にさいなまれるばかり。

そういう状況から抜け出す道は、「現状を肯定すること」と「ほんとうはどうなればいいのか?」を認識すると見え始めるものです。

「これはわざわざ神様が起こしてくれていることだ」と肯定し、新しい意味をつくり上げてみる。

「今まで走り続けてきて、そろそろ少し休養しては?」と神様が休養をくださったのかもと考えてみる。

「ほんとうはどう生きたい? ほんとうはどうありたい?」と自分の人生と向き合うチャンスなのかもと考えてみる。

その状況を積極的に肯定することで、明るい風景が見えてきます。

その状況に腹を立てたり、悔しがったりするのに時間を使っても仕方がありません。

誰がこんな状況をつくったんだ？　と不快な思いをするよりも、次の未来への展開をワクワクと描きたい。

マイナスのスパイラルに巻き込まれることにエネルギーは使うべきではありません。

そして、**失ったものを見るのではなく、自分の手元にあるものを見直してみましょう。感謝する気持ちをフル活動させて、今の自分や現状に「ありがとう」を伝える。**

このつらい時期も、未来から見ると「あの時のいろいろな経験が今の自分をつくってくれた」と感じるはずだと想像してみる。ターニングポイントとはそんなものです。

人生が大きく変化する三つの出来事

1．大きな金銭トラブル
2．大きな人間関係のトラブル
3．身近な人の喪失

こうした大きなショックを体験した後などに、「私は、そもそもどんな人生を生きたいのか？」と自問自答が始まり、新しい一歩が踏み出されることがよくあります。大変なことが起きると、大きく人生を変えることができます。

しかし、人生を変えるために大変なことが起きるのをわざわざ待つ必要はないと思います。

だったら、**大きな目標を掲げ、今の状況を大変としてみる**のはどうでしょうか？

不幸を待つのではなく、積極的に踏み出していくやり方のほうが、運気の高い生き方になるのではないでしょうか？

強運のツボ

つらい状況も積極的に受け入れ、新しい未来を想像してみる

34 何が起こっても大丈夫な自分になる

「拓巳さんは占いをどう受け止めてますか？」

あるとき、こんな質問をされました。
「占いって人生のカンニングみたいなものかな？」と僕は思ったりします。
わざわざ、僕のことを占ってみましたって送ってくれる人もいたりします。

ただ、僕はどんな占いを見ても、すぐ忘れるんです。
そして自分に都合のいい占いのことだけを覚えている。
僕にとって占いとは正直そんな感じです。

僕の発想の根底には「**リインカネーション（輪廻転生）**」があります。

人は生まれ、またあの世へ生き、また生まれ……、その過程で学ぶべきものを学び、魂を磨くんだろうなって思っています。


あらかじめ自分でストーリーを選び、生まれてくる。

親も、状況も、設定も自分で選んで、生まれてくる。

そして、人生のあちこちに学ぶべき「出来事」を点在させている。

あの世では、たくさんの魂が肉体に宿る順番待ちをしていて、その数を考えると生まれてくるだけでも奇跡なんだって聞いたことがあります。

そう考えれば、生まれてきただけでももうけ物だと思いませんか。


この世の最大の宝は「学び」なのです。

占いの「良い、悪い」のお告げも、学びのためのヒントだと思えばいいのではないでしょうか。


自分が決めた道を歩いていく途中で、学ぶべきチェックポイントがあって、ヒントが出ているのに見逃し続けると、「想定外のこと」が起こります。

それはたとえば、いろんなトラブルに遭遇したり病気になったりというような。

そこで、自分を見直すわけです。

「あれ、そもそも自分が歩きたかった方向はこっちだったっけ？」

そんなふうに人生ってできている、と僕は信じてます。

そう考えれば、占いもヒントの一つと考えられます。


ここで大事なのは、自分の人生や進む方向は、占いが決めてくれるんじゃないということ。


あくまでヒントなのだから、それは自分の進む方向を知るための〝きっかけの一つ〟だということ。

だから、人生に起きる多くのミスも、その通りミスなんだということではなく、「これは違うんだ」ということを僕らが学ぶための単なるヒントなんです。

自分の価値観、人生観……、あくまで自分の中の軸が大切。

この自分軸をしっかり持って人生を進むということ。

占いに限らず、自分以外のほかのものを軸にして生きてしまうと本末転倒になります。

そして、そんな生き方ばかりを選び続けると、結局、うまくいっていても誰の人生を生きているかがわからなくなります。

自分の中にちゃんと軸があり、自分自身と上手に対話しながら進むべき方向に歩いている人は、「何が起こっても大丈夫」と、いつも安定した気持ちでいられます。

もちろん、いろんな「運」の後押しもしてもらえるものなんです。

強運のツボ

自分の中にある「軸」をきちんと意識する

35 お墓参りは、なぜ大事？

「私がいちばん、大切にしている部屋です」っていうのが仏間だったり、世に名前を残される方々は、お墓参りを重要視されているように感じます。

お墓参り、あなたは欠かさずに行っていますか？

日々の忙しさのせいで、なかなか行けてない人もいるかも知れません。
お墓が遠くて行けなくて、心の中で手を合わせているって人も多いかも知れません。

定期的に訪れるご先祖様の墓。
人生のチェックポイントとでもいうのでしょうか？　僕にとって、お墓参りは重要な行事の一つでもあります。

お願いごとのために行っているのではありません。

自分のこころのリセットだったり、目標の確認のためお墓参りをしています。

ご先祖様の命のバトンリレーの結果、この世に存在している自分。

その奇跡に手を合わせます。このとき、

「必要なときに必要なことを起こしてください。僕は学ぶべきことをちゃんと学びます」と手を合わせています。

ご先祖様に「力を貸してください」とか「助けてください」ってお願いするのは良くないよと聞いたことがあります。手を合わせ、自分の気持ちを固める方がどうも正しいようです。

いずれ僕もこのお墓に入るときが来る。

「死」を意識すると「生きる」が浮き彫りになるような気がします。

僕たちは、毎日確実に死に向かって進んでいるのです。

生物としてこの世に生まれたからには致死率は100%です。

そう考えてみると、死に向かって生きていくときに思う「正しいこと」と、死から見た今の自分に望む「正しいこと」は若干違っているような気がします。


「今は大切な時期。歯を食いしばってこの仕事を頑張るのだ」と今、思う。

しかし、死から見た今は少し違っているのではないでしょうか。

「どんなに仕事が大切なときも、他にもっと大切なことがいっぱいあるはず。それを忘れない」と感じたりするように思います。


生きるから見た「生きる」と、死から見た「生きる」の違いは、常に心の中で〝つっかい棒〟として存在している。僕の場合はそれを、お墓参りによって溶かしたり、外したりしているんじゃないのかなって感じています。

「死を意識する」って言葉にすると、何を辛気くさいこと言っているんだと思う人もいるかも知れません。しかし、僕は逆の発想です。死を意識することで明るくなれる気がします。私たちはどうせいつか死ぬのですから。

上手にやろう。下手をしないようにしよう。無理をしないでおこう。前例がないことは辞めよう……などなど、**知らない間に「今」にしがみついてしまっている自分の手をスッと解き放してくれるのは死を意識したときです。**

たった一度の人生です。

小さくまとまらず、爽やかに面白体験をしていきましょう！

そんなこころ持ちにこそ好運が宿るような気がしています。

強運のツボ

お墓参りをして自分と対話する

36 トキメキが続かないときはどうすればいい？

あなたの目の前の現実はいかなるものですか？
爽やかで素敵でキラキラ輝いていますか？
それとも、暗く、重く、辛い現実でしょうか？

今、目の前に繰り広げられている現実は、少し前のあなたが望んだものです。

「いやいや、望んでなんかいないです！」とあなたは言うかも知れません。
あなたの顕在意識ではなく、潜在意識が望んでいたものが具現化しているとするならどう感じますか？　潜在意識は認識ができませんが、もしこの目の前の現実を、知らず知らずに望んでいたならば？

無意識の判断や、無意識の行動が今の現実をつくっています。

その根底を支えるのが深層意識です。

知らず知らずに望んでいる現実が確実に具現化しているならば――。

「そんなの起こるわけない。起こっても○○ぐらいのものだ」と思うことで、「○○を起こしたい」と潜在意識が判断したのではないでしょうか？

「○○は起きて欲しくない」と心配し、強く意識することで、あたかも「○○が起きますように」と、心配事というより、そう願望したと深層意識が判断し、起こしているならどうしますか？

目の前の現実がそんなメカニズムで起きてきているなら、一度、振り返って検証してみるのもいいかも知れません。

常に潜在意識をクリーンナップし、メンテナンスし、爽やかな未来を望む状態をつくりたいものです。自分にとって「快」である状態をキープすることで素敵な未来が起きるなら、常に「快」を保ちたいものです。

では「快」な状態を保つにはどうしたらいいのか。
その答えは**「自分の機嫌は自分で取る」**ということ。

自分を喜ばせることができるのも自分。

自分を傷つけることができるのも自分。

同じ言葉を言われても、何とも思わない人もいるし、傷ついたって感じる人もいる。

それはなぜかっていえば、**傷つけてるのは自分**だからです。

誰かの発した言葉のナイフを自分の手にとって、自分の胸にグサッて刺しているわけなんです。

自分を傷つけることで、その言葉がひどいものだったと証明はできても、**傷つくことで「運気」は絶対に良くなりません。**


だったら、もし「嫌だな……」って感じることがあれば、それを吐き出す。

ただし、口は災いの元だから誰かに話すのではなく、紙に書いたり、自分だけしか見ない携帯やスマートフォンのメモ帳などにこっそりと書き、心から吐き出してみる。

それを、2、3日してから読み直してみてください。「あれ、こんなこと書いてたんだ」って自分でも不思議に思うぐらい、もうそのときの嫌な感覚は遠い彼方に感じるはずです。

そんなふうにして、自分の中に嫌なものを溜めないようにして、自分が「快」でいられるように機嫌を取っていくことで「運」も集まってくるものです。

蝶がなぜ集まるかっていえば、自分が花で、いい香りを発しているから。

もしハエが集まってくるとしたら、自分がそういうものになってるってことです。

強運のツボ
自分の機嫌は自分で取る

Chapter 4

運を「より強くする」

37 運を引き寄せる願い方を知っていますか？

あなたの夢は何でしょうか？
地球から飢餓をなくしたい。みんながハッピーになったらいい。
日本の子供たちがワクワクする、そんな国にしたい。

素晴らしい夢ですね。
もしくは、夢は素晴らしいものであるべきだ、大きなものであるべきだと思い込み、
「私には夢がない」と思っている人もいるかも知れません。

では、質問です。
宝くじで1億円が当たったらどうしますか？
まず、引っ越しして、カワイイ服を買います。

あら？　地球の平和は？　飢餓は？

実は、引っ越しやカワイイ服が本当の夢だったのではないでしょうか？

知らず知らず、そんな「下世話な夢」を持ってはいけないと、どこかにメンタルブロックがかかっていたのではないでしょうか？


一度、あなたの本当の夢を書き出してみませんか？

誰にも言わない、言えない本当の夢。

誰にも見せない、見せられない本当の夢。

タブーや社会性の欠落を感じるものかも知れません。

思い切ってそれらを一度、紙に書いてみませんか？

ただし、取り扱い注意です。拾ったあなたのお父様はお母様にも相談できないかも知れません（笑）。

本当の夢。
僕はそれを**「生本気《なまほんき》な夢」**と呼んでいます。

なぜ、紙に書いたほうがいいかというと、その**生本気な夢の近くに情熱の源泉があるのでは**と思っているからです。

情熱の源泉をもし掘り当ててしまったら、大変です。
トクトクと情熱があふれ出し、留まるところを知りません。
もう止むことのない情熱の嵐が吹き荒れるのです。
そんな情熱の源泉を掘り当てたくはないですか？

普段タブー視している為にその生本気な夢の方向を見たことがない人もいるかも知れません。
自分の「強い欲求」が運を引き寄せ、パワフルに現実を生み出すこともあるのです。

あふれるほどのお金があったらどうする？
持て余すほどの時間があったらどうする？
自分の願いがすべて叶うならどんな思いを形にしたい？

世の中の男子にモテるだけモテまくりたいっていう女性がいるかも知れません。

「それが叶うとどうですか？」と尋ねると「嬉しいです」と答える。

「なぜ、嬉しいのですか？」と聞くと、「自分が魅力的だと証明されたから」と答える。

「なぜ自分が魅力的だと証明されると嬉しいのですか？」と聞くと、「自分が自分を好きになれるから」と。

「それがなぜ嬉しいのですか？」とさらに聞くと、「初めて自分が人を愛することができる」と。

欲の向こう側には愛しかありません。

安心して欲を追いかけて下さい。

強運のツボ

他人には言えない「生本気な夢」を紙に書き出してみる

38 そこにいるだけで「運」が上がることってある？

時間の経過によって本当の姿や本当の価値が現れるってことってあります。

古くなれば、古くなるほど「アンティーク」として価値の上がるものも、古くなれば、古くなるほど「粗大ゴミ」として価値が下がるものもあります。

物によっては捨てるのにもお金がかかったりします。


本物には本物だけが持つ光があり、その光が運を引き寄せているのです。

では、本物を見つけるにはどうしたらいいのでしょうか？

ズバリ！　答えは**「本物を見続けること」**です。


美術館に行ったり、博物館に行ったり。

素敵なホテルでお茶をしたり、人が集まるスポットへ出向いてみたり。

一流のスポーツ選手のプレーを観戦したり、素晴らしいコンサートに出向いたり。名作と呼ばれる映画にも、名曲にも本物の何かを感じることができるものです。本物の共通点を深層意識が感じ、それをあなたに宿します。

たとえば、一流のスポーツ選手のプレーを見ていると、何より美しいと感じるはず。そして、そのスポーツが簡単なのではとさえ感じます。

あれ？　僕にもできる？　と素敵なカン違いを与えてくれます。

一流のホテルに行ってお茶をしたとしましょう。

その雰囲気が自分の中から新しい自分を引き出してくれます。

あれ？　こんな自分、私も出会うのが初めてだってなるのです。

京都のお茶屋さんに行ったとき、本物の凄さにあらためて惚れ直し、光に触れました。

出される器も、生けてある花も、舞妓さんの簪《かんざし》も、そこには「本物の光」があふれていたんです。

とくに舞妓さんの存在に驚かされました。この体験は自分にとって事件と呼べた程です。

なぜなら、そこにいるだけで運気が上がっていくのを感じられたからです。

本物に触れれば触れるほど、自分の中にエネルギーが増していくと思ってもらっていいと思います。

また、長く続いているものにも、僕は本物の光を感じます。

そういったものに触れていれば、やがて本物の光を発するものと、本物の光を発し続けるものの違いというのも感じることができるのかも知れません。

本物に触れ、本物の光を移し火のように自分に宿す。

それは人であっても、ものであっても、場所であっても、作品でも……。

たくさんの本物体験を積むことはとても贅沢で貴重な経験です。

初めから頭でわかろうとする必要はありません。
大切なのは体験することです。
深層意識はちゃんと吸収しています。
時間が経っても忘れたりしません。
蓄積された本物の光があなたからあふれ出す日が、必ずやって来ますよ。

強運のツボ

本物の持つ運気とパワーに触れてみる

39 最高の「運」を近い将来に予約するには？

あなたはどんな未来がやって来るのが理想ですか？

未来のビジョンを明確にありありと思い描くと実現しやすいとよく言われます。

でも、どうすればそうしたビジョンを細部にわたって、リアルに思い描くことができるのでしょうか？


「湖の近くに家があって……」と想像したとき、どんな家だったか表現できますか？

家の壁の色は？　どんな建築ですか？　丸太小屋？　コンクリート造り？

湖面の色はどんな色でしたか？　どんな大きさでしたか？

季節はいつですか？　時間帯はどんな時間帯ですか？

「彼女と一緒に海外へ……」だったなら、

どんな服を彼女は着ていましたか？　どんな髪型でしたか？

どこの国ですか？　どんな季節ですか？　どんな気候ですか？

海ですか山ですか？　それとも都会ですか？　そのときどんな気持ちでしたか？


曖昧だったイメージがこうすることにより詳細に描けるようになります。

大味だったストーリーが人の心の機微まで理解できるようになります。

白黒だった映像が、色鮮やかに変わっていきます。

鮮やかに描くには才能が必要というわけでなく、こうしたビジョンを描くクセをつけることが大切なのです。


使ってなかった筋肉をトレーニングするように、使えば使うほどあなたの能力もどんどん開発されていきます。

具体的にビジョンを見て、映像化する。

そうやってディテールまで見えるぐらいイメージするほど、その場所の一つひとつにストーリーが生まれます。ストーリーは勝手に進展していくかもしれません。

あなたにとってイメージしたところが幸運の場所になって、親近感まで感じられるかもしれません。

五感にアクセスするくらい、ビジョンをもっと描いてみましょう。
あなたの建てた家、部屋に置かれた皮のソファー。
その皮はどんな匂いでしょうか？
どんな触り心地でしょうか？
部屋にはどんな音楽が流れていますか？
あなたは窓の外をのぞき見ます。
どんな風景で、どんな物音がするでしょうか？
珈琲が出されました。
エスプレッソですか？　カプチーノですか？
温度は？　香りは？
どんな触り心地のブランケットが置かれていますか？
その部屋でくつろぐ気分はどんな気分ですか？

感じれば感じるほど、思い描けば思い描くほど、ビジョンの実現する可能性がアップしていきます。

もちろん、それらのビジョンが実現したときに、あなたは運気も自分のものにしていることでしょう。

妄想癖は神様から与えられた技術なのです。

遠慮などせずに、どんどん使ってみてください。

強運のツボ

心の中の妄想癖を解き放つ

40 ワクワクを増やすと「運」も増える？

当たり前ですが、ワクワクしている人は運気が高いものです。
逆を言えば、運気を高く保つには、ワクワクした自分をキープすることが大切。

朝起きて、顔を洗って、歯を磨き、掃除をし、ゴミを出し、仕事に出かける。
ルーティンが多い私たちの生活——。
その生活の中、ワクワクした自分をキープするにはどうすればいいのでしょう？

日常の生活を楽しめる人は、人生を楽しめる人だと思います。
お皿をキュ、キュ、キュ。
それでニッコリ。
何て素敵な人だって思います。

僕は音楽をガンガンかけつつ、掃除機をかける。
ゴミ出しも嫌がらずに楽しむ方法はないだろうかとチャレンジしています。
面倒くさいなと思うことは丁寧に時間をかけて取り組むようにしています。

のぼらないといけない階段もエクセサイズと思えば、楽しめるかも。
筋肉の動き、重心の支え方を工夫しながらのぼれば、楽しいかも。

遠くまで歩かないといけないときは、景色を楽しんだり、新しいアイディアを考える時間ととらえてみる。
たとえば、体の前傾を強くし、反射によって足を前面に出す歩き方だって、歩くことを楽しむための一つの方法なんですよ。

日々の生活を楽しみ、毎日のルーティンを楽しむための「特別な魔法」は何でしょう？

それは「生活をもっと楽しむぞ」という心の姿勢です。

生活の中の**「ねばならない」を追い出して「ワクワク」で満たしていこう。**

この際、**遊びも仕事もワクワクすることしかしないって決めてみよう。**


音楽を聴きながら外出してみたら、風景が音楽に溶ける瞬間がある。

通勤、通学の電車の中も「通勤教育」って具合で実りある時間にしちゃう。

読書でもいいし、セミナー映像を観る時間にあてることもできますよね。

歯磨きの時間をインナーマッスルを鍛える時間として、体型を激変させた友達も実際にいます。


「やらないといけないことと、一緒に何かできるかも知れない」って気持ちが生活を楽しくしてくれるようです。

「やらないといけないことに新しい意味を与え、こう考えると楽しいかも知れない」っていう発想が、人生に無駄な時間をつくり出さない極意かも。

そのような心の状態を僕は「**テンションの高い平常心**」と呼んでいます。
何か、特別なことに興奮するのではなく、日常生活に対する感度を高め、楽しもうとする心の姿勢のことです。

たとえば、「**楽しいから笑うのではなく、笑うから楽しい**」という法則を使って、普段の自分をどんどんのせていく努力も大切です。
たったそんなことでも、「ワクワク」で生活を満たすことってできるんですから。

強運のツボ

平常心のときのテンションを少し上げてみる

41 「運」のいい性格ってあるの？

素直、真面目、謙虚、頑固、大雑把、几帳面……。

いろんな性格の人が世の中にはいますよね。

どんな性格の人が「運がいい」人になるのでしょうか？

僕は、運がいい人というのは**「こころの中の風景が明るい人」**だと思っています。

なので、「頑固」だと運が悪いのかな？　と思いがちですが何に対して頑固かによって生きる人生が違うと思います。

また素直さは、最大の知性と呼ばれますが、いつもいつも素直に周りの意見に合わせていたら、流されてばかりの自分の軸がない人生になってしまいます。

運がいい人はどんな性格であれ「こころの中の風景が明るい人」です。

つまり、**「性格が○○だ」ということだけで、「運がいい」「運が悪い」っていうのはない**んです。

でも時折、性格ってその人が背負った「**人生の定め**」じゃないかなって思うときがあります。

ぶっきらぼうな人に出会って、がっかりするときがありますが、その人はそれを背負っているのです。なので、自分自身に対してもぶっきらぼうなのです。

人に対して冷たさを出す人は、やっぱり自分にも冷たい。冷たさで他者を傷つけるように、自分で自分を傷つけているのです。それは自分の欲求を我慢している人が他者に我慢を強要するのと同じように、他者に向けたナイフが自分にも向き、自分に向けた花は他者にも向けられるというわけです。

その人に与えられた「性格」というものは、その人が人生で背負っている個性。ある意味、その性格こそが人生なのかも知れません。

だとしたらどんな「定め」を背負いたいですか？

ここは自分自身の性格の初期設定を変えるチャンスでもあります。

あなたの初期設定の画面を開いてみると「私は〇〇である」と書かれた沢山の項目があるはずです。

「私は無口である」「私は怠惰である」「私は几帳面である」「私は時間を守る人間である」「私は親孝行である」「私は小心者である」「私は嘘をつく人間である」「私はケチである」「私はものおじする人である」「私は英語が好きである」「私は我慢する人である」「私は……」

無数の「私は〇〇である」の隣に□《かっこ》がありレ点が入っているものと、入ってないものがある。

人生がスタートしてから親や兄弟、教師、友達、同僚、クラブ活動の先輩……。

多くの人からもらった「あなたは〇〇である」のトータルの「である」が今のあなたのセルフイメージを創り上げています。今、ここでもう一度設定をし直し、「なりたい自分」「ありたい自分」に近づけてみてはどうでしょうか？

そんなことで性格は変わるのか？　と怪訝《けげん》な表情のあなたの初期設定には「私は性格を自分の力で変えられる人である」の□にはレ点が入ってないだけです。知らずに蓄積された、そして刷り込まれた情報があなたをつくり出したのです。こころの中は情報空間です。

さぁ、本当はどんな人生が良かったですか？

制限がないならどんな人生がいいのですか？

どんな自分でありたいですか？

まずは「私は運が良い人である」の□にレ点を入れてみてください。

強運のツボ

性格を気にするより、こころの中の風景を気にする

42

新しいことを始めるときに大事なこと

時代の変化の速さが日々、増しています。

昔であれば、「石の上にも三年」と言われましたが、それだと石の上に座っている人が石になってしまうんじゃないかというくらい変化はめまぐるしいものです。

また、世の中や社会が提案する人生の価値と、個人が求める人生の価値が食い違い始めました。それゆえ、こころの充実感が得にくくなっているとも思います。

それに加え、情報のシャワーを誰もが大量に受け、欲しい情報を得るのも技術が必要になり、風評被害や、流布されたステマなどに踊らされそうになっています。

そんな時代を私たちはどう生きたらいいのでしょうか？

自分という限られた原資をどう活かせば、面白い人生を体験することができるのでしょうか？


僕は「セブンポケッツ」というものをオススメしています。

これは「七つの収入源」を持とう！　という意味です。

七つのエンジンを付けた飛行機をイメージしてみて下さい。

どれか1個か2個が故障したり、使い物にならなくなっても、何とか飛ぶことができます。一つの収入源が不調になったり、途絶えても、全体が大きく影響を受けないのです。


また、七つの観点、視点を持つことができるので、時代や世の中が3Dに見え、先を読むときの予感が的中する確率が増すのではと考えています。

不透明な時代だからこそ、観点や視点を増やす努力が大切です。


運のいい人は、この「複眼的予知」ができる人ではないでしょうか？

では、どうやったら収入源を増やすことができるのでしょうか？

まず、一番のキャッシュポイントになっている仕事は温存し、それ以外のスキマ時間を利用して何かを始めてみましょう。

毎日の仕事の後でも、昼休みだけでもいいですし、週末起業ってのもいいと思います。いずれにしろ、楽しめるものがいいですね。


始めるのが苦手な人は、やめるのが苦手な人でもあります。

もし、やってみてダメだと思ったら、いつでもやめればいいのです。

さぁ、どんなことをやってみたいですか？


自分の大好きなことを仕事にしてみるのもいいし、新しく何かを学び、それを1個のポケットにするのでもいいです。

誰かのサポートをするのが好きな人は、この人のためになれるならっていう人を見つけ、その人のお手伝いを仕事にしてもいいでしょう。

また、自分には才能がないと思う人は、誰かの才能を世に広め、活かすことを仕事にしてもいいのです。

仕事は人生の質を上げてくれる最高のアイテムです。

コツとしては初期投資や固定費（人件費や家賃など）が少なく、在庫を持たないタイプの仕事がオススメです。

わざわざ、そのために時間をつくらなくても活動でき、大きな収入でなくても継続して入ってくる性質の仕事がいいと思います。

いずれにしろ楽しんでできるものがいちばんです。

強運のツボ

小さくてもいいので収入源を増やすことを心がける

43 いい運気がもらえる場所

パワースポット特集なんて雑誌を見ると、ここもあそこも行ってみたいなと思うものです。恋愛運が上がる場所や金銭運が上がる場所、受験だったらここがいいとか。

僕も、いくつか自分の中で行くことが自然になってる神社があります。

伊勢神宮の内宮の近くに猿田彦《さるたひこ》神社というのがあって、その境内に佐瑠女《さるめ》神社っていう天宇受売命《あめのうずめのみこと》を祀《まつ》るお社《やしろ》があるんです。

この神様は、天照大御神《あまてらすおおみかみ》が天岩屋《あまのいわや》にこもられたときに神楽をして、大御神が再び現れて人々を安心させたっていう神様。

なので日本で最初の芸能を行った神様として、芸能の神、人気運の神様っていわれてるんです。

僕の仕事っていうのも、いろんな人にお会いして、いろんな人のおかげでやっていけるわけだから、やっぱりそういうところにお参りするのも大事だなと思ってはいます。

自分の生まれ育った場所や、今お世話になっている地域にある神社。

そういうところに行くというのも大事だし、行くこと自体が楽しい。

それらの場所へ行くことで常に今の自分を冷静に認識できてスッキリするんです。

三重県の志摩に神明《しんめい》神社っていうところがあって、そこは僕の生まれ育った場所に近いんです。ここにお参りに行くことは、自分にとってとても重要な儀式となっています。

お参りすることで、とても気持ちが良くなります。

それにより**運気が上がるだけでなく、自分のビジョンや判断が正しい方向に変わっていく**のではないかと僕は信じています。

高校受験、大学受験は福岡の太宰府天満宮にお世話になりました。

そこで鉛筆を買い、受験に挑みました。

太宰府天満宮の梅ヶ枝餅も大好きです。

弊立《へいたて》神社も、千光寺も、仙酔島《せんすいじま》も、伊勢神宮も、明治神宮も、大好きです。

大好きな場所に行けばそれだけでエネルギーがもらえる。


僕にとっては美術館もパワースポットなんです。

六本木ヒルズ美術館、ワタリウム美術館、原美術館……。

こうやって書いているとあふれ出してきて、とても書ききれないです。


前述した通り、僕の両親は真珠養殖業に携わっていたのですが、その養殖場跡は僕だけのマイパワースポットでもあります。

子どもの頃そこで遊んでいた記憶と、頑張って働く両親の後ろ姿の記憶……。

それらが折り重なってエネルギーを僕に注入してくれます。

今は日本とフランスの二重生活をしていますが、パリにも大好きなマイパワースポットがあります。ボンマルシェの近くの教会です。

そこは、奇跡を信じる人々で、いつも素敵な空気が漂っているんです。


あなたにとっての自分だけのパワースポットはどこですか？

お気に入りの場所はどこですか？

すごい繁華街のど真ん中が、ワクワクして自分らしくいられるっていう人もいれば、自然に囲まれてるほうがいいっていう人もいる。

そんなふうに自分のこころ踊る場所っていうのを持つことが「いい運気」のもらえるコツでもあるんです。

強運のツボ

マイパワースポットを持つ

44 「運」を良くするためのこころ構えとは

これまで、あまりにも本気を出しすぎて仕事がうまくいかない経験もしました。

逆にふざけすぎてすべてが崩壊しそうな経験もしました。

だから、ものごとは中庸がいちばんなのではないかと思っています。


あまりに本気を出しすぎると、本気が殺気となって相手に伝わってしまう。それだと人が怖がって賛同してくれないのです。

また、ふざけている人に賛同するのは、一緒にふざけたい人たちばかりで、まともな人は誰も賛同してくれないものです。

なぜなら、結局のところ**人は志についてくる**からです。


本気を出しすぎて緊迫し、仕事仲間が息苦しくなっている状態がかつてありました。

それを自分のメンターに相談すると「成長ばかりを期待するのではなく、状況を安定させてはどうか」とアドバイスをくださいました。それを仲間に伝えると、奇跡的にいい具合に緊張感が薄れました。

その年、ビックリする結果が出せたことを覚えています。


やる気を楽器の弦にたとえると、テンションを張りすぎた弦は美しい音色とかけ離れ、キンキンした音を出します。

逆に緩めすぎるとボヨヨン、ボヨヨ～ンとなる。

本当にいい音色を出すために、いい感じの緊張感、テンションに保つと、想像以上のいい結果が自然と生まれるものです。

この経験から学んだことは大きく人生を変えてくれました。


意識して、自分の琴線の張り具合を調節することも、「運」をいい状態でつかむための「こころ構え」としてとても大切なことです。

なぜならば、知らない間にチューニングがズレて、キンキンしたり、ボヨヨ～ンとしたりするものだからです。

いつもいい状態でいるためにも、定期的なやる気のメンテナンスが必要です。

ある有名な陸上選手と話していたときに、素敵な考え方を教えてもらいました。

それは、「誰かが勝つと、その選手の練習方法が一番だということで陸上選手の間で流行るんです。

若い頃はそれに振り回される時期もありましたが、最近は用心してその理論とは反対の理論も同時に学ぶようにしているんです。たとえば〝メンタルがすべてだ〟という理論が支持されたならば、〝フィジカルがすべてだ〟の理論も学ぶみたいな」という内容でした。

どうやったら極端に傾倒しすぎず生きられるか？

まさしく「中庸」を知る最高の機会でした。

頑張ることは素敵ですが「原理頑張り主義」では残念な結果になってしまいます。

食事も人間関係も仕事も「腹八分目」がいちばんいいようです。

ちなみに「腹八分目」とは「今まで食べた量をまた初めから食べれる状態」らしいです。

それだと「腹五分目」ではと思うんですが、八分目が正解のようです。

強運のツボ

新しいことを一つ学んだら、真逆のことも学ぶ

45 「運」を開く人たちと出会うには？

これまでたくさんの人と出会ってきました。

そして、これからも出会うことと思います。


伝統芸能に関係する仕事をしてる人、難しい研究を毎日やっている人、世界に通用するアスリート、多忙な芸能人、日本を代表する音楽家、思いを形に変え続けるアーティスト、有名作品を世に送り出す映画関係者、世界中を巡る商社マンに、近所のフリーターから世界の億万長者まで、有名無名関係なく――。


会えば会うほど皆さん面白い世界観を持ち、各々《おのおの》の人生を生きているのです。

いろんな人と会えば会うほど、世界は広いな、世の中は広いなと実感します。

「へ～、そうなっているんだ」

「え？　そうなの？　意外！」

「え!?　もう一度、説明してみて！」

人との出会いは驚きとの出会いでもあります。


ある程度、知り合いの輪が広がっていくと「友達の友達は皆友達」ってことになってきます。

「え!?　だったら○○さん、ご存知ですか？」

「はい、昨日も会っていました」

「え!?　僕は今日、さっきまで会っていましたよ」となるのです。

自分の出している周波数が出会うべき人を決定しているのかも知れません。

案外、「友達」っていう名前の村に全員住んでいるのかもと思えてきます。

運がいい人は運がいい人と出会い、そうでない人はそうでない人と出会います。

自分がどんな気持ち、考え方、生き方で生きているのかが自分の周波数を決めるのです。

ひょっとして、新しい情報を知ったり、新しい言葉を知ると、なぜか三日以内にそれに関連する出来事が起きたりしませんか？

新しいことを知るってことは近未来の予告編なのかも知れません。

新しい人との出会いも同じことで、それだけで未来が確実に変わっていくのです。

新しい友達を通じ、新しいコミュニティに参加するようになると、自分のセルフイメージが変わり出します。新しい「である」があなたのキャラクターに加えられるからです。

「○○さんって几帳面ですよね」と誰かの一言。

「え!?　そんなの言われたことないんですよ」とあなたは驚く。

でも、このとき「私は几帳面である」が一つ自分の初期設定に加えられるのです。

出会いは本当に不思議です。

そして、その出会いの数を増やすには**「自分から動く」ことが大切**です。

自分から頭を下げる。

自分から声をかける。

自分から話しかける。

自分から……、自分から……、そうやって**自分から行動していくと運気がほんとうに上がります。**

強運のツボ

自分からいろんな人に声をかけてみる

46 結婚したほうが「運」が開ける？

「旦那はいらないけど、子供だけ欲しい」って話をする女の人が増えていませんか？結婚して良かったという意見と、結婚して大変っていう意見はどちらが多いものなのでしょうか……。

いい情報が少ないので結婚を選ばない人が増えているのでしょうか？ある意味、女性が一人でも楽しく、安心して生きていける時代が来たのでしょうか？

また、社会的に「一人で生きる女子」が市民権を得たからでしょうか？

ベストセラー作家で経営コンサルタントでもあるジェームス・スキナーさんが「幸せな結婚の仕方」って話を教えてくださいました。彼がある精神科医のセミナーに参加したときに聞いたそのエピソードをここで紹介します。

「結婚すると幸せになれる」と多く人が思っている。

結婚がゴールになっているというのです。

しかし、結婚してみるとなかなかパートナーが自分を幸せにしてくれない。


不幸な結婚をしたと感じている人のほとんどは、

「何で幸せにしてくれないんだ？　こんなはずじゃなかった。幸せになれるって思ったからこの人を選んだのに」と思ってる。

実はこれ、相手にすごく依存している状態です。


ほんとうにうまくいく結婚は違うんだよって、その精神科医は続けます。

まず、**自分一人でも幸せになってしまうこと。**

「結婚なんかしなくても、自分一人で幸せ！」

それができたら、次に同じように、一人でも幸せに生きている異性を探す。

そして、その人と結ばれると「幸せな結婚生活」がやって来る。

これが「幸せな結婚の仕方」というのです。

幸せは他者から与えられるものではなく、自分で完結すべきものなのかも。

この話を聞いたとき僕はそう思いました。

一人でも幸せを完結できている者同士が、一緒に二人の幸せを完結する。

いずれにせよ、**幸せな結婚の極意は「結婚なんかしなくても、自分一人で幸せ！」を体感すること**のようです。

自分以外の何かに頼って幸せになろうというのではなく、自分の力で幸せになれる人であること。

今、自分の手元にある様々なものに感謝し、それを楽しみ、愛おしみ、満たされた心を持つ。

まん丸なこころの状態を感じ、自分で自分を満たすという取り組みは、実は望むものを引き寄せる磁石のようなこころを持つことでもあると思います。

逆に、こころの欠けたところから引き寄せる現実は、同じように欠けた部分を持った現実なのかも知れません。

「幸せ」っていうスポーツのソロ競技を嗜《たしな》んだ二人が、次はデュオでその競技を極めていく。

そう考えると、結婚はゴールではなく、どうやら始まりのようです。

強運のツボ

「結婚しなくても一人で幸せ！」を感じられるようにする

47 「運」を開くための「お金」との付き合い方

そもそも「お金」って何なのでしょう？

「お金は大事だよ〜♪」ってＣＭソングがありましたね。だけど、私たちがお金について学ぶ機会はなかなかありません。

ほとんどの人が、自分の両親のお金に関する概念や感情をそのままコピーして、自分に宿しているケースが多いのではないのでしょうか？

お金は本来、「物々交換をよりスムーズにするための手段」だったと思われます。

自分の欲しいものと相手の欲しいもの、それらを交換する。

お金はその間に立ち、等価交換がスムーズに行われるようにと生まれてきました。

「お金を欲しがるのはいけないことだ」

「お金は汚い」

「お金のことは口にしない方がいい」


今でもお金を欲することがタブーのように語られる場面があったりしますよね。

でも本来、お金は物々交換のスムーズ化のためのもの。

お金をなぜ欲するかというと、欲しいものを得たいから。

欲しいものを得たいということは、与えるものを持たないといけません。

あなたにとって、与える価値のあるものが結晶化するとお金に変わります。

つまり「お金を得たい」は、「与えられるものを与えたい」に置き換えることができます。


僕たちは生きているだけではなく、生かされてもいます。

友達にしていただいたり、社会にしていただいたり、国家に、世界に、この星にたくさんの恩恵をいただいています。しかし、僕たちも友達に、社会に、国家に、世界に、この星にさせていただいていることがあります。

「していただいていること」よりも「させていただくこと」が増すとお金が手元に残ります。


お金に関するタブーは、与えることなくお金だけを欲する気持ちです。

何も与えることなく、欲しいものだけを欲しがるのが卑しい状態となるわけです。


さぁ、あなたは何を与えることができますか？

それは誰に向けての「させていただくこと」でしょうか？


また、**お金は「感情を増幅させるもの」**でもあります。

寂しがり屋の人がお金を手に入れると、寂しがり屋が増幅します。

よく笑う人がお金を手に入れると、大笑いできるようになります。

人と自分を比べるタイプの人がお金を手に入れると、さらに誰かと比較する世界に突入します。

優しい人は優しさを増幅し、勇気のある方は勇気を、嫉妬する人は嫉妬心を、心配屋さんは心配性を……、なので**「正しい感情の使い手」になるのが「幸せなお金持ち」になる方法でもあります。**

同じ収入なのになぜか豊かに見える人もいます。
また、その逆も。お金は稼ぐだけではなく、使い方も大切な気がします。
お金に関するリテラシーを上げることは生き方や運気にも関係しているようです。

原則として世の中は「等価交換」により成り立っています。
それがいびつな形になると、必ず崩れてしまいます。
さぁ、自分の与えられるものは何かに興味を持って下さい。

強運のツボ

お金に対するリテラシーをアップさせる

48

「運」を上げる、本当の自分を見つける方法

そもそも、自分って誰なんでしょう？
そう言われても、自分は自分なんだけど……。
でも、誰なんだろう？

自分って認識は過去の経験や刷り込みによってできています。
その自分の刷り込みや思い込みを知るチャンスがあります。
それは「**壁にぶつかったとき**」です。

何かを目指していた。進もうとすると壁にぶつかった。
その壁は誰がつくったのでしょうか。その壁の根っこをよく観て下さい。
そこにあなたの思い込みや、刷り込みがあるのです。

たとえば、あなたが「貯金をしよう!」と決めたとします。

しかし、続かない。はい、これが壁の発見です。

貯金をしようとするけど、その意志が続かないという壁です。

では、壁の根っこを観てみましょう。

どんな思い込み、刷り込みからその壁は生まれたのでしょうか?

「だって、欲しいものは欲しい」「貯金して何が幸せなの!?」をその壁に見つけたとしましょう。

その感情をリリースして、新しい思い込みを今持つことで未来を変えることができます。もし、新しい思い込みにしないとしたら、現状維持という未来を選択することになります。


目標やゴールは未来を変えるために持つものではなく、今を変えるために持つのです。目標やゴールを持つことで、壁を発見できますし、壁の根元にある思い込みや刷り込みを炙《あぶ》り出すことができるからです。当然のことながら、その行為はあなたを「素」の状態にし、運気をも上げてくれます。

じゃ、どうやって思い込みを書き換えればいいのでしょう。

「だって、欲しいものは欲しい」を「ほんとうに欲しいものは貯金によって手に入る」にすべきでしょうか？

「貯金して何が幸せなの!?」を「貯金は大きな幸せをもたらす」にすべきでしょうか？

この疑問は、心にフィットする思い込みを新たに見つけ、それに書き換えることで消滅します。

壁の出現は、すなわち運気アップの絶好のチャンスだったのです。

知らず知らずに、私たちは自分の過去に縛られています。

過去うまくいったことや、経験のあることしか選ばなくなっています。

「それは昔やって痛い思いをした」や「前例がない」を排除して、過去の成功例ばかりを選択してしまいます。

これは安心な作業でもあるのですが、先細りの人生でもあります。未来ではなく、過去を生きる人生となります。

何しろ脳は現状維持が大好きです。それが昨今のように、世の中が目まぐるしく変化していく状況では、過去にうまくいったことがすぐに通用しなくなります。過去に縛られ続け、確実にうまくいくことしか選べなくなり、先細りの傾向を強める人もいます。

新しいことや、かつて失敗したことを再び選ぶのは、不安感や自信のない状況に自分を置くことになります。しかし、そこにしか自分をワクワクさせるようなチャンスはありません。

強運のツボ

壁にどんどんぶつかろう

49 やるか、やらないかの判断に迷ったとき

あるとき、親戚のおじさんに相談したときがあるんです。

そのおじさんは、事業でとても成功している人で、僕は勇気を出して質問してみました。

「実は悩んでいることがあるんです……」と悩みごとの内容を説明しようとした途端、

「それは迷っているからだ！」といきなり指摘されました。

「AでもBでもいいから迷わず決めなさい。あかんかったらそこから学べばいい」と教えをいただきました。

ほとんどの悩みは「迷い」から生れています。

その迷いの根っこには「失敗したくない」という思い込みがあります。

それを**「上手くいったらラッキー。失敗したらそこから学ぶ」と書き換えると前に進んでいくことができる**ようです。

実際のところ「幸せ」と「成功」はなかなかイコールになりません。

成功はしたけど幸せではなかった。幸せだったけど成功とはほど遠かった。

では、幸せと成功のまじわる場所を見つけるにはどうしたらいいのでしょうか？


今、巷《ちまた》では「ワークバランス」を訴える人々がいます。

「仕事」と「人生」、もしくは「生活」とのバランスと考えることもできます。

また「ライフバランス」も大切です。

この場合、「生」から見た「人生」と、「死」から見た「人生」の〝差〟に着目するとよりいい状態が見つかるような気がします。


実際、あなたは何歳まで生きる予定でしょうか？

今、女性の平均寿命は85歳前後、男性は80歳ぐらいです。

現在80歳の人は80年前に産まれたわけですが、時代も環境も80年前とは大きく異なるので、これから平均寿命がどう変わるかわかりません。

あと10年経つとあなたは何歳ですか？

あなたの大切な人は何歳ですか？　お子様は？　ご両親は？

人生はすなわち「時間」です。

あなたの年齢に10歳を足した年齢の人で「この人のようになりたい」「この人に憧れる」って方を見つけて下さい。「Aを選ぶか、Bにするか」の判断のヒントはここにあるかも知れません。

「今をどう生きるか？」の問いのヒントは「どんな人生にしたいか？」にあります。

大きく人生のストーリーを想定し、どんな人間になろうとしているのか？　どんな人間としてこの世を去りたいのかを考えてみて下さい。

「山崎さんは有名になりたいのですか？」と昔、講演をした後に若い男の子が突っかかってきたことがありました。

僕は即座に「はい。まず山崎家で有名になりたいです」と答えました。男の子はキョトンとしていました。

実際、1親等なら誰もが名前を言える。お父さん、お母さんの名前です。2親等ならどうでしょう？　おじいさん、おばあさんです。3親等となると？　曾《ひい》おじいさん、曾おばあさんです。3親等以上離れても名前が残る生き方は誰もができる生き方ではありません。今、生きているこの人生すらいずれ忘れ去られていくのです。

そう考えたら、「迷ったらどちらでもゴー」というのもわかっていただけますよね。

強運のツボ

迷ったらどちらでもいいから選択する

50 ぶっ飛んだ夢はなぜ必要？

僕たちの意識っていうのは、アンテナみたいなもの。

「こんなふうに、なりたいなぁ」って思ったら、私たちの脳はそれにふさわしいことを自然と集めてくるのです。もともとそういう指向性を持っているんですね。


人間の脳は、賢くできていて、エネルギーの消費量を最小限にして活動できるようにつくられています。

そのために脳は、常に重要度の高いものだけにアンテナの指向性を発揮します。入ってくる情報を全部は解析せずに「これは、もう知ってる」「これは、あれと同じ」っていうふうに記憶と結びつけて処理してるんです。

なぜなら、そうしないと膨大なエネルギーを消費してしまって、僕たちの体が追いつかないからです。

そうした特性を活かして、今の自分にとって**重要度の高いものに脳のアンテナの指向性を向け、運気を上げ、人生を変えてしまうことだって可能かもしれません。**ただしその場合、自分でそうスイッチを入れる工夫が必要です。

脳は省エネ、それは言い換えると、エネルギーを使わないようにサボり上手にできているので、現状維持が大好き。それじゃ人生はつまらないし、運だって上がりません。

そこから、**わざと外れるために「ぶっ飛んだ夢」っていうのが必要になってくる。ぶっ飛んだ夢って何かといえば、実現の方法すらわからない夢のこと。**

普通の夢っていうのは、ちゃんと現状を把握して、その延長線上で見る夢のこと。今の自分にできることで実現させていくのが普通の夢。

そうじゃなくて「お前、大丈夫？」って周りから言われるぐらいのことをとにかく設定してしまう。

しかも、たった今、それを設定してしまうんです。そう、できるかどうかもわからないようなことを。

そして、次に大切なのが義務感のリリース。
次の日になったら、また同じようにぶっ飛んだ夢を設定する。
制限がないなら、自分の人生、本当はどうなりたいのか？　って。

周りはあなたをいい加減だと思うかも知れません。
なぜ、昨日、決めたあの夢を継続しないいんだと。

しかし、それでいいのです。**「いい加減が好い加減」なのです。**
昨日決めたそれを継続するってことは、過去に縛られているってことになります。
また、今日、新たにぶっ飛んだ夢を設定する。
案外、昨日と大差ないぶっ飛んだ夢が出現するものです。
まったく同じってこともよくありますが、大きな違いは**義務感が付随していな**

いってことです。

義務感が発生すると、ワクワクがなくなって「やる気だけはかなりあったのに、何だか動けない」っていう、こころに乳酸が溜まった状態になります。

それでは運もあなたに味方してくれません。

たった一度の人生です。

今世はどんな人生にしますか？

大きくぶっ飛んで、過去ではなく、未来への呪縛で生きましょう！

強運のツボ

あなただけのぶっ飛んだ夢を生きる

おわりに
ぶっ飛んだ夢を実現させるには？

パリに住みたい！　エッフェル塔を毎日眺めながら暮らしたい！

あるとき僕は、そんなぶっ飛んだ夢を見ていました。

そのときの僕は、フランスに何かツテがあるわけでもなく、どうやって叶えようかっ？　っていう状態だったのです。

その夢を、世界中を飛び回ってる友達の高橋歩《あゆむ》君に語ってみたことがあります。

「俺さぁ、世界を股にかけるような生き方してみたいんだよね。そしてパリに住みたいって思って」

僕がそう話すと、歩君は尋ねました。

「いつ？」

「……えっと、5年後かな？」

自分の夢なのに疑問形で返す僕に、歩君は「は？」っていう顔をしていました。

「拓巳さん、5年前の自分は、今の自分が見えてましたっけ？」

歩くんは冷静に聞き返します。

「……見えてなかったかな」

「じゃ、そのプランは却下ですね」

えっ、そんな……。何のアドバイスももらえずに、それでおしまいでした。

でも、歩君の言った通り。

その後、自分自身に腹が立って、僕はその気持ちを抑《おさ》えることがどうしてもできませんでした。

歩君からのメッセージは「だったら、**今すぐ設定して、それをやろうよ**」ってことだったのです。


そして、1年後。僕は、ほんとうにパリに引っ越していました。

僕の中で、パリに住みたいっていう感情がずっと突き動かしてくれたからです。

フランスで何かできる自分になりたいって思いながら、どうやってなれるかもわからない。でも、それで良かった。どうやったらなれるかなんて方法を考えるんじゃなく、なりたいことのほうを考えていました。だって、**もともと無謀なぶっ飛んだ夢に「叶えるための方法」なんてないわけだから。**

ぶっ飛んだ夢やビジョンを大きく掲げると、そこを目指していろんなものが集まってくるようになる――。だから、とにかく未来を信じたほうがいい。

自分の夢が叶うかどうかに一喜一憂するのではなく、とにかくあなたの未来を信頼してあげましょう。ぶっ飛んだ夢にワクワクしながら生きていれば、運を含めた、いろんなヒントや合図が必ずおとずれます。

それを「待つ」のではなく、いつでもスタンバイＯＫにしておくんです。

この本で、あなたがそんなワクワクしたスタンバイ状態をつくれたとしたら、僕もすごくハッピーです！

山崎拓巳

参考文献

『夢があろうとなかろうと、楽しく生きてる奴が最強。』高橋歩・著／A-Works

『がらっと』山﨑拓巳・著／サンクチュアリ出版

『世界一やさしい成功法則の本』山﨑拓巳・著／三笠書房

『山﨑拓巳の道は開ける』山﨑拓巳・著／大和書房

『死ぬときに後悔すること25』大津秀一・著／致知出版

『未来記憶』池田貴将・著／サンマーク出版

『「心のブレーキ」の外し方』石井裕之・著／フォレスト出版

『一生折れない自信のつくり方』青木仁志・著／アチーブメント出版

『ハーバード流 自分の潜在能力を発揮させる技術』マリオ・アロンソ・ブッチ・著 梶浦真美訳／アチーブメント出版

『まずは親を超えなさい！』苫米地英人・著／フォレスト出版

『やる気のスイッチ！』山﨑拓巳・著／サンクチュアリ出版

『たった１％変えるだけであなたの人生に奇跡は起きる』トム・コネラン・著 本田健・訳／日本文芸社

『ユダヤ人大富豪の教え』本田健・著／大和書房

『７つの習慣』スティーブン・コヴィー・著 ジェームス・スキナー・訳 川西茂・訳／キングベアー出版

（順不同）

強運《きょううん》が舞《ま》い込《こ》むとても小《ちい》さな50のこと。

2013年12月25日　初版第1刷発行

著者　山﨑拓巳

発行者　小川 淳

発行所　SBクリエイティブ株式会社
〒106-0032　東京都港区六本木 2-4-5
電話03-5549-1201（営業部）

印刷・製本　中央精版印刷株式会社

編集協力　弓手一平（ふみぐら社）

カバーデザイン　渡辺弘之

本文デザイン　荒井雅美（トモエキコウ）

校正　鳥海美江（バード・ワーク）

落丁本、乱丁本は小社営業部にてお取り替えいたします。
定価は、カバーに記載されております。
本書に関するご質問は、小社SB文庫編集部まで書面にてお願いいたします。

  ISBN 978-4-7973-7565-7